Gustav Erlenkötter

Lesebuch für die Oberklasse der Elementarschule

Gustav Erlenkötter

Lesebuch für die Oberklasse der Elementarschule

ISBN/EAN: 9783743325227

Hergestellt in Europa, USA, Kanada, Australien, Japan

Cover: Foto ©Paul-Georg Meister /pixelio.de

Manufactured and distributed by brebook publishing software
(www.brebook.com)

Gustav Erlenkötter

Lesebuch für die Oberklasse der Elementarschule

Lesebuch

für die

Oberklasse der Elementarschule.

———

Herausgegeben

von

G. Erlenkötter,

Lehrer in Hoboken.

Philadelphia & Leipzig.

Verlag von Schäfer & Koradi.

1871.

Inhaltsverzeichniß

des

Lesebuches für die Oberklasse.

VI

1. Die Kuh, das Pferd, das Schaf und der Hund.

Eine Kuh, ein Pferd und ein Schaf standen auf einer Weide zusammen und stritten unter einander, welches dem Menschen nützlicher sei. Die Kuh sprach: „Von mir hat er die süße Milch, den wohlschmeckenden Käse und die fette Butter.“—Das Pferd sprach: „Ich ziehe den schweren Wagen des Herrn und eile mit leichtem Schritt dahin und trage den Reiter mit Windeseile.“—Das Schaf sprach: „Ich gehe nackt und bloß, damit mein Herr bekleidet sei.“ —Da kam der Hund zu ihnen. Den blickten sie verächtlich von der Seite an, als wäre er ein ganz unnützes Thier. Aber der Herr folgte alsbald, rief dem Hunde im freundlichsten Tone, streichelte und liebkoste ihn. Da dies die Kuh und ihre Gefährten sahen, murrten sie und das Pferd nahm sich ein Herz, zu fragen: „Warum thust du also, Gebieter? Verdienen wir nicht mehr deine Liebe, als dieses unnütze Thier?“—Aber der Herr streichelte seinen Hund noch zärtlicher und sprach: „Nicht also; dieser hat mein einziges, geliebtes Söhnchen kühn und treu aus den rauschenden Wasserfluthen gerettet, wie sollte ich nun seiner vergessen können?“

2. Die treue Dogge.

Ein Pudel und 'ne Dogge kamen
Einmal auf ihrem Weg zusammen.
Nachdem man wie es üblich ist,
Sich fein bewillkomm't und geküßt,
Da fing der Pudel lächelnd an:
„Du solltest mich nur einmal sehen,
Was ich für Künste machen kann!
Es ist ein Spiel für mich, auf einem Seil zu gehen
Und wie ein steifer Flügelmann
Mit einem Spieß im Schilderhaus zu stehen;

Ich tanze, besser tanzt der beste Tänzer nicht;
Ich lasse mich zu Tode schießen
Und bin flugs wieder auf den Füßen,
Wenn man ein Wort vom Henken spricht;
Noch mehr, ich kann mit unerhörten Sprüngen
Bald über einen Stock, bald durch den Reif mich schwingen,
Und—Wie? du gähnst?"—Hier brach der Redner ab.

Die Dogge sprach: „Soll ich mich auch erheben?
Ich schütze meinem Herrn das Leben
Und gehe mit ihm bis in's Grab."

Pfeffel.

3. Der Hahn, der Hund und der Fuchs.

Ein Hund und ein Hahn schlossen Freundschaft und wanderten zusammen in die Fremde. Eines Abends konnten sie kein Haus erreichen und mußten im Walde übernachten. Da sah der Hund eine hohle Eiche, worin für ihn eine vortreffliche Schlafkammer war. „Hier wollen wir bleiben," sagte er zu seinem Kameraden. „Ist mir auch recht," sagte der Hahn, „aber ich schlafe gern in der Höhe." Damit flog er auf einen Ast, wünschte dem Andern eine gute Nacht und setzte sich zum Schlafen.—Als es nun Tag werden wollte, fing der Hahn an zu krähen, denn er dachte: Es ist bald Zeit zum Weiterreisen.—Das Kikeriki hatte der Fuchs gehört, dessen Wohnung nicht weit davon war, und schnell war er da, um den Hahn zu fangen. Da er aber den Hahn so hoch sitzen sah, dachte er: „Den muß ich durch gute Wörtlein herunterlocken, denn so hoch kann ich nicht klettern." Gut; das Füchslein macht sich ganz höflich herbei und spricht: „Ei, guten Morgen, lieber Herr Vetter! Wie kommen Sie hierher? Ich habe Sie gar zu lange nicht gesehen! Aber Sie haben sich da keine geschickte Wohnung gewählt, und, wie es scheint, haben Sie auch noch nicht gefrühstückt. Wenn es Ihnen gefällig ist, mit in mein Haus zu kommen, so werde ich Ihnen mit ganz frisch gebackenem Brode aufwarten."

Der Hahn kannte aber den alten Schelm und es fiel ihm nicht ein, herunterzufliegen. „Ei," sagte er, „wenn Sie ein Vetter von mir sind, so werde ich recht gern mit Ihnen frühstücken. Aber ich habe noch einen Reisegefährten, der hat die Thür zugeschlossen. Wollen Sie so gefällig sein, diesen zu wecken, so können wir gleich mit einander gehen." Der Fuchs, welcher meinte, er könne noch einen zweiten Hahn erwischen, lief schnell nach der Oeffnung, wo der Hund lag. Dieser aber war wach und hatte Alles angehört, was der Fuchs gesprochen hatte, und freute sich, den alten Betrüger jetzt strafen zu können. Ehe der Fuchs es sich versah, sprang der Hund hervor, packte ihn an der Kehle und biß ihn todt. Dann rief er seinen Freund vom Baume herunter und sagte: „Wenn Du allein gewesen wärest, hätte dieser Bösewicht Dich umgebracht. Aber laß uns eilen, daß wir aus dem Walde kommen."

Curtmann.

4. Der Hahn und der Fuchs.

Ein alter Haushahn hielt auf einer Scheune Wache;
Da kömmt ein Fuchs mit schnellem Schritt
Und ruft: „O krähe, Freund, nun ich dich fröhlich mache;
Ich bringe gute Zeitung mit.
Der Thiere Krieg hört auf, man ist der Zwietracht müde;
In unserm Reich ist Ruh' und Friede.
Ich selber trag ihn dir von allen Füchsen an.
O Freund, komm bald herab, daß ich dich herzen kann,
Wie guckst du so herum?"—„Greif, Halt und Bellart kommen,
Die Hunde, die du kennst," versetzt der alte Hahn;
Und als der Fuchs entläuft, „was," fragt er, „ficht dich an?"—
„Nichts, Bruder," spricht der Fuchs; „der Streit ist abgethan;
Allein ich zweifle noch, ob die es schon vernommen."

v. Hagedorn.

5. Die Katze und die drei Hunde.

Die Katze war in die Speisekammer geschlichen und hatte eine Bratwurst gestohlen. Als sie wieder heraus kam, wollte sie sich ganz leise mit ihrer Wurst davon schleichen, allein es gelang ihr nicht; denn es spielten gerade drei Hunde vor der Thüre, das Möpschen, das Pommerchen und das Spitzchen. Da wurde es ihr bange, die Hunde möchten verrathen, was sie gethan habe, und sie werde dann ihre Bratwurst wieder hergeben müssen und obendrein Schläge bekommen.

Da ging sie hin zu dem Möpschen und sagte ihm leise in das Ohr: „Liebes Möpschen, wenn du stille schweigst, und Niemanden sagst, wo ich gewesen bin, so gebe ich dir ein Stück von meiner Bratwurst." Das Möpschen betrachtete und beroch die Brat=wurst, und weil sie ihm gut gefiel, sagte es: „Ja, ich will stille schweigen." Darauf ging die Katze zu dem Pommerchen und sagte ihm leise in das Ohr: „Liebes Pommerchen, wenn du stille schweigst, und Niemandem sagst, wo ich gewesen bin, so gebe ich dir ein Stück von meiner Bratwurst." Das Pommerchen betrachtete und beroch auch die Bratwurst, und weil sie ihm gut gefiel, so sagte es: „Ja, ich will kein Wörtchen sagen."

Nun ging die Katze auch zu dem Spitzchen und sagte ebenso. Aber der Spitz wollte keine gestohlene Bratwurst essen, und wollte auch nichts mit der spitzbübischen Katze zu thun haben. „Nein," sprach er, „du Betrügerin, du Diebin! Ich begehre keine Bratwurst von dir." Und er faßte sie am Ohre, führte sie in die Küche, und erzählte da Alles, wie es gewesen war. Da wurde der Katze die Bratwurst abgenommen und sie bekam tüchtige Schläge, weil sie in die Speisekammer geschlichen war und gestohlen hatte. Das Möpschen und das Pommerchen wurden ausgescholten und bekamen den ganzen Tag Nichts zu essen, weil sie den Diebstahl verheimlicht hatten. Der Spitz aber wurde gelobt und bekam die ganze Bratwurst zur Belohnung.

Curtmann

6. Der Kater.

Ein Kater saß bei einem Schmaus
Die goldgefüllten Gläser blinken;
Er sah die Gäste wacker trinken
Und rief in vollem Eifer aus:
„O Himmel, welch' ein toller Haufen!
Wie schändlich ist es, Wein zu saufen!
Uns Katzen ekelt vor dem Wein;
Nur bei den Menschen giebt es Prasser;
Wir löschen unsern Durst mit Wasser;
O, lernt von Katzen weise sein!"
„Herr Murrner, nur nicht zu vermessen,"
Rief ihm ein Gast mit Lachen zu,
„Ich bin so tugendhaft wie du,
Denn ich kann keine Mäuse fressen!"

Pfeffel.

7. Der Vögel Königswahl.

Die Vögel wollten einmal einen neuen König wählen, und es war ein Tag zu einer allgemeinen Versammlung im Walde bestimmt. Die meiste Hoffnung gewählt zu werden, hatte der Adler wegen seiner Stärke, und der Pfau wegen seiner Schönheit. Aber der Spötter war damit nicht zufrieden. Er wußte zwar, daß seine Federn nicht sonderlich schön waren, und daß er auch keine Kraft im Schnabel hatte; allein er meinte, weil er recht schreien und allerlei Stimmen nachahmen könne, so werde es ihm vielleicht doch gelingen, wenn er sich nur recht aufputze. Er schlich also hin in den Pfauenstall und suchte sich von den schönen grünen und blauen Federn, womit die Pfauen geschmückt sind, und steckte dieselben zwischen seine eigenen. Dazu färbte er seinen Schnabel und seine Beine gelb und hielt sich nun fast für den schönsten Vogel. In diesem herrlichen Aufzuge kam er in die Versammlung und nahm zwischen dem Adler und dem Pfaue Platz. Anfangs stutzten die Vögel alle über den sonderbaren Gast und Niemand erkannte ihn. Als man ihn aber näher betrachtete, da sah man, woher die Schönheit rühre und der Pfau rief: „Die Federn hat er mir gestohlen!" Die Andern schrieen Alle: „Herunter mit dem Diebe!" Da wurden ihm nicht blos die fremden Federn ausgerupft, sondern auch viele von seinen eigenen; und halbnackt und verspottet von Allen mußte er nach Hause flüchten.

Curtmann.

8. Der Fuchs und die Traube.

Ein Fuchs, der auf die Beute ging,
Traf einen Weinstock an, der voll von schönen Trauben
Um einen hohen Ulmbaum hing.
Sie schienen ihm recht gut, doch schwer war's, sie zu rauben.
Er schlich sich hin und her, den Zugang zu erspäh'n.
Umsonst, es war zu hoch, kein Sprung war abzuseh'n.
Der Schalk dacht' bei sich selbst: ich muß mich nicht beschämen.
Er sprach und macht' dabei ein hämisches Gesicht:
„Was soll ich mir viel Mühe nehmen?
Sie sind zu sau'r und taugen nicht."

So geht's der Wissenschaft! Verachtung geht vor Müh';
Wer sie nicht hat, der tadelt sie.

Nach Aesop.

9. Der Wolf und das Lämmlein.

Ein Wolf und ein Lämmlein kamen von ungefähr beide an einen Bach, um zu trinken; der Wolf trank oben am Bache, das

Lämmlein aber unten. Da der Wolf das Lämmlein erblickte, lief er zu ihm und sprach: „Warum trübst du mir das Wasser, daß ich nicht trinken kann?" Das Lämmlein antwortete: „Wie kann ich dir das Wasser trüben? trinkst du doch über mir." Der Wolf sprach: „Wie, fluchest du mir noch dazu?" Das Lämmlein antwortete: „Ich fluche dir ja nicht." Der Wolf sprach: „Ja, dein Vater fügte mir vor sechs Monaten auch ein Leid zu." Das Lämmlein antwortete: „Bin ich doch dazumal noch nicht geboren' gewesen; wie kann ich entgelten, was mein Vater gethan haben soll?" Der Wolf sprach: „Du hast aber meine Wiesen und Felder abgenagt und verdorben." Das Lämmlein antwortete: „Wie ist das möglich? Ich habe ja noch keine Zähne." „Ei," sprach der Wolf, „du weißt ja eine ganze Menge Ausreden; doch dies Alles macht dich nicht straflos, du kannst nicht ungefressen bleiben?" Also würgte er das unschuldige Lämmlein und fraß es.

Nach Aesop.

10. Der Lügner.

„Helft, Brüder! Helft! Der Wolf hat schon ein Schaf im
    Rachen!"
So rief ein junger Hirt, sich eine Lust zu machen.
Wenn nun das Hirtenvolk herbeigelaufen war,
Dann rief er: „Geht zur Ruh', es hat noch nicht Gefahr!
Ich habe nur versucht, ob ihr auch wachsam wäret."
Als er nun ihre Hülf' ein andermal begehret,
Wo's keinen Scherz mehr galt, und jetzt vom Wolf ein Stück
Schon hingewürget war, so blieben sie zurück,
Wie sehr er immer schrie. Nun ward der Thor erst inne,
Wie albern er gethan; nun kam ihm erst zu Sinne
Das Sprüchwort: „daß man dem, der einmal Lügen übt,
Auch wenn er Wahrheit spricht, nicht leicht mehr Glauben giebt."

Gleim.

11. Das Christbäumchen.

Die Bäume hatten einmal Streit unter einander, welcher von ihnen der vornehmste sei. Da trat die Eiche hervor und sagte: „Seht mich an, ich bin doch hoch und dick und habe viele Aeste und meine Zweige sind reich an Blättern und Früchten." „Früchte hast du wohl," sagte der Pfirsichbaum, „aber es sind nur Früchte für die Schweine. Die Menschen mögen nichts davon wissen. Aber ich, ich liefere die rothbackige Pfirsiche auf die Tafel des Königs." „Das hilft nicht viel," sagte der Apfelbaum, „von deinen Pfirsichen werden nur wenige Leute satt; auch dauern sie nur wenige Wochen, dann werden sie faul, und Niemand kann sie mehr brauchen. Da bin ich ein anderer Baum, ich trage alle Jahre Körbe voll Aepfel, die brauchen sich nicht zu schämen, wenn sie auf eine vornehme Tafel gesetzt werden, aber sie machen auch die Armen satt, man kann sie den ganzen Winter im Keller aufbewahren, oder kann sie im Ofen dörren, oder kann Wein davon keltern. Ich bin der nützlichste Baum." „Was bildest du dir ein," sagte die Tanne, „aber du irrst dich. Mit meinem Holze heizt man die Oefen und baut man die Häuser, mich schneidet man zu Brettern und macht Tische, Stühle, Schränke, ja sogar Nachen und Schiffe daraus, dazu bin ich im Winter nicht so kahl wie ihr; ich bin das ganze Jahr hindurch grün und schön." „Das Nämliche bin ich auch," sagte die Fichte, „allein ich habe noch einen Vorzug. Wenn es Weihnachten wird, dann kommt das Christkindchen, setzt mich in ein schönes Gärtchen und hängt goldene Nüsse und Aepfel, Mandeln und Rosinen an meine Zweige, und über mich freuen sich die Kinder am allermeisten. Ist das nicht wahr?"

Curtmann.

12. Die Einkehr.

Bei einem Wirthe wundermild,
Da war ich jüngst zu Gaste;
Ein gold'ner Apfel war sein Schild
An einem langen Aste.

Es war der gute Apfelbaum,
Bei dem ich eingekehret;
Mit süßer Kost und frischem Schaum
Hat er mich wohlgenähret.

Es kamen in sein grünes Haus
Viel leicht beschwingte Gäste;
Sie sprangen frei und hielten Schmaus
Und sangen auf das Beste.

Ich fand ein Bett in süßer Ruh
Auf weichen grünen Matten:
Der Wirth, der deckte selbst mich zu
Mit seinem kühlen Schatten.

Nun fragt ich nach der Schuldigkeit,
Da schüttelt er den Wipfel.
Gesegnet sei er allezeit
Von der Wurzel bis zum Gipfel!

Uhland.

13. Das Veilchen.

Die kleine Marie ging mit ihrem Vater und ihrer Mutter an einem Frühlingsmorgen auf das Feld. Da sprach sie: „Warum hat man doch das Veilchen so lieb? Es wird in vielen schönen Liedern besungen und sobald es aufblühet, sucht ein Jeder darnach und freuet sich, wenn er eines gefunden." — Also redete Marie zu ihrer Mutter.

„Siehe," antwortete die Mutter, „es ist die erste Gabe des Frühlings nach dem kalten Winter. Man freuet sich des Guten und des Schönen am meisten, wenn man es lange entbehrt hat."

„Und man empfängt es mit größerem Danke," sagte der Vater, „weil der Frühling das Blümchen so schnell und frühe giebt. Wer schnell das Gute vollbringt, beweiset, daß er es gerne thut, und vermehrt die Dankbarkeit, und diese heiliget die Freude."

„Nennet man das Veilchen," fragte Marie, „nicht auch das Blümchen der Bescheidenheit?"

„Den Namen verdient es wohl," antwortete die Mutter, „denn es wächst im Verborgenen auf niederem Gesträuch, und doch blühet und duftet es so schön, als irgend eine der anderen Blumen."

„Und man schätzet," sagte der Vater, „und suchet es nicht minder und freuet sich, wenn man es gefunden hat."

Krummacher.

14. Der Schwan und die Krähen.

Ein Schwan, der, unbekannt mit seinem eignen Werth,
Auf seine Farbe, weiß wie Schnee,
Nie Stolz in seiner Brust genährt,
Sie rein nur zu erhalten suchte, ruderte
In seiner Unschuld hin auf stiller See.

Ihn sah ein Haufen schwarzer Krähen
So weiß, so reizend ihn zu sehen
Und sich so schwarz, so voller Häßlichkeit,

Das, dachten sie, erfüllt von Neid
Und Bosheit, ist nicht auszustehen.
„Was," krächzten sie, „fällt dieser Gans denn ein,
Stets so geputzt, so weiß zu sein?
Mein lieber Geck, meint er, er darf uns trutzen?
Das glaub' er nicht, Herr Gänserich,
Wart', guter Freund, wir wollen dich schon putzen!
Du sollst geputzt sein, denk' an mich!"

So höhnten sie den armen Schwan und füllten
Mit Koth die Schnäbel alle an
Und schleuderten, voll Grimm, ihn auf den armen Schwan
Und lachten laut. „Nicht wahr," fing eine an,
„Nicht wahr, ha! ha! wir können schön vergülden?"

Was that der Schwan? mit kaltem Blut
Taucht' er in die krystall'ne Fluth
Und kam daraus in einem Augenblick
Noch weißer, als zuvor, zurück.
Die Krähen hätten bersten mögen.

Nach Fr. Schmitt.

15. Das wiederkehrende Rothkehlchen.

Ein Rothkehlchen kam in der Strenge des Winters an das
Fenster eines frommen Landmanns, als ob es gern hinein möchte.
Da öffnete der Landmann sein Fenster und nahm das zutrauliche
Thierchen in seine Wohnung. Nun pickte es die Brosamen und
Krümchen auf, die von seinem Tische fielen. Auch hielten die Kin=
der des Landmanns das Vöglein lieb und werth. Aber als der
Frühling wieder in das Land kam und die Gebüsche sich belaubten,
da öffnete der Landmann sein Fenster, und der kleine Gast entflog
in das nahe Wäldchen und baute sein Nest und sang sein fröhliches
Liedchen. Und siehe, als der Winter wiederkehrte, da kam das
Rothkehlchen abermals in die Wohnung des Landmanns und hatte
sein Weibchen mitgebracht. Der Landmann aber und seine Kinder
freuten sich sehr, als sie die beiden Thierchen sahen, wie sie aus
den klaren Aeuglein sahen und zutraulich umherschauten. Und die
Kinder sagten: „Die Vöglein sehen uns an, als ob sie Etwas sagen
wollten." Da antwortete der Vater: „Wenn sie reden könnten, so
würden sie sagen: ‚Freundliches Zutrauen erweckt Zutrauen, und
Liebe erzeugt Gegenliebe.'"

Krummacher.

16. Die Schwalben.

Mutter, Mutter! uns're Schwalben—
Sieh doch selber, Mutter, sieh!
Junge haben sie bekommen
Und die Alten füttern sie.

Als die lieben, kleinen Schwalben
Wundervoll ihr Nest gebaut,
Hab' ich stundenlang am Fenster
Heimlich ihnen zugeschaut.

Und nachdem sie eingerichtet
Und bewohnt das kleine Haus,
Schauten sie mit klugen Augen
Gar verständig nach mir aus.

Ja, es schien, sie hätten gerne
Manches zwitschernd mir erzählt,
Und es habe sie betrübet,
Was zur Rede noch gefehlt.

Eins um's Andre, wie ein Kleinod,
Hielten sie ihr Haus in Hut.
Sieh doch, wie die kleinen Köpfchen
Streckt hervor die junge Brut.

Und die Alten, Eins um's Andre,
Bringen ihnen Nahrung dar;
O wie köstlich ist zu schauen
So ein liebes Schwalbenpaar!

Mutter, weisst du noch, wie neulich
Krank im Bett' ich lag und litt?
Pflegtest mich so süss, und Abends
Brachte Vater mir was mit.

AD. V. CHAMISSO.

17. Die junge Maus und ihre Mutter.

Ein junges Mäuschen, das den ersten Ausgang in die freie Luft gemacht und von der Alten tausend gute Lehren auf den Weg bekommen hatte, kam bald erschrocken in sein Loch zurück.

„Ach, liebe Mutter," rief es, „wie glücklich und auch wie un=
glücklich hätte ich werden können! Ich war nicht weit von unserer
Wohnung, da sah ich ein schönes Thier,—etwas Schöneres sah ich
noch nie. Es war viel größer, als Ihr seid, aber sein Ansehen war
sanft und niedlich; an seinem glatten, schönen Kopfe hatte es kurze,
spitzige Ohren; an seinem ganzen Körper bunte, wahrscheinlich
weiche Haare; an seinen Pfoten sah ich kleine Krallen; sie drückten
sich gleichsam zusammen, indem es ging. O, wie gefiel es mir!—
Auch mein Anblick schien ihm zu behagen; denn es legte sich und er=
wartete mich mit freundlichen Augen. Eben wollte ich zu ihm
hüpfen und um seine Freundschaft mich bewerben; da kam ein Un=
thier,—ich zittere noch, wenn ich daran denke—mit großen, ausge=
spreizten Flügeln, mit dünnen, aber scharfkralligen Füßen, mit
glühenden Augen, mit fürchterlichem Gesichte, das überdies noch ein
feuerrother Lappen verunstaltete, und endlich mit einem Schnabel,
so lang und so schrecklich! Es öffnete ihn von Weitem schon, und
sein Geschrei klang so abscheulich, daß ich mich halb leblos hierher
flüchtete."

„O, wohl dir, daß du flohst!" versetzte die Alte; „denn wisse,
das Thier, welches dir so gefiel, war der Todfeind unsres Ge=
schlechts, die Katze. Nur einen Schritt durftest Du näher kommen,
und sie hätte dich erwürgt. Jenes Wesen hingegen, welches Dich
so erschreckte und doch eigentlich das Leben Dir rettete, war ein für
uns Mäuse unschädlicher Hahn."

Jüngling, sei vorsichtig in der Wahl deiner Freunde und dei=
nes Umgangs! Der Unerfahrene kann oft den Todfeind als sei=
nen Vertrauten und den wahren Freund als seinen Feind be=
trachten.

Meißner

18. Das milchweiße Mäuschen.

Ein milchweiß' Mäuschen war einmal
Von einer großen Mäusezahl
Die einz'ge ihrer Art;
Ihr Fellchen war dem Atlas gleich
So glatt, so schimmernd und so weich,
Sie selbst war klein und zart.

„Kind," sprach die Mutter einst zu ihr,
„Noch kennst Du nicht das böse Thier,
Die Katze, unsern Feind.

Sie lau'rt auf uns in finst'rer Nacht;
Dein Fell ist weiß, nimm Dich in Acht!
Mein Rath ist gut gemeint.

Auch vor der Eule hüte Dich;
Dir fehlt Erfahrung, wie man sich
Gefahren klug entzieht."
Das Mäuschen dünkt sich klug und spricht:
"O Mutter, sorgt für mich nur nicht;
Ich weiß schon, wie man flieht."

Nun ging es einstens auf den Schmaus
Des Abends ohne Mutter aus,
Und tanzte frisch und keck;
Doch da es wieder heimwärts ging,
Da kam die Eule schnell und fing
Das weiße Mäuschen weg.

"Ach!" rief es, "wie war ich bethört!
Hätt' ich der Mutter Rath gehört,
So litt' ich nicht den Tod!"
Allein das weiße Mäuschen schrie
Umsonst; die Eule speiste sie
Zu ihrem Abendbrod.

Bertuch.

19. Die zwei Sperlinge.

In einem trockenen Mißjahre quälte der Hunger zwei Sper-
linge hart; beide fühlten sich schon dem Verschmachten nahe.—
"Sammle noch einmal Deine Kräfte, lieber Bruder," sprach der
Schwächste von ihnen, "fliege umher und sieh', ob Du nicht irgendwo einige Nahrung entdeckest! Ich flöge gern mit, aber ich kann
nicht mehr. Findest Du Speise, so bringe auch mir Etwas davon!
Aber nur bald! denn sonst hat der Hunger mich umgebracht."—
Der Stärkere versprach es und flog aus. Das Glück war ihm
günstig. Er sah einen Kirschbaum voll reifer Früchte. "O," rief
er, "geborgen ist nun mein Freund und ich!" Er flog hinzu, kostete,
fand die Kirschen vortrefflich und stillte seinen Hunger bis zum
Uebermaße. Eine Stunde verfließt; die Sonne senkt sich zum Un-
tergange. Er will jetzt, mit einigen Kirschen beladen, zu seinem
Freunde fliegen.—"Doch nein! nein!" denkt er wieder; "noch bin
ich selbst zu matt; noch will ich diese Kirschen verzehren und dann

jene!"—So fährt er fort, so flattert er von Ast zu Ast, bis die
Dunkelheit ihn überrascht und er einschläft. Erst am Morgen er=
wacht er wieder und eilt nun wirklich zu seinem verlassenen Bru=
der.—Er findet ihn—auf dem Rücken liegend und todt.—Nichts sei
dir heiliger, als die Erfüllung eines Versprechens, zumal, wenn es
dem Nothleidenden gegeben ist. Der Edle vergißt im eignen Glücke
das Unglück seiner Brüder nicht.

Meißner.

20. Der Rabe und der Fuchs.

Ein Rabe, welcher sich auf einen Baum gestellt,
Hielt einen Käs' in seinem Schnabel.
Den Käse roch der Fuchs. Der Hunger rieth ihm bald,
Dem schwarzen Räuber sich zu nahen.
„Ha," spricht er, „sei gegrüßt! Ist hier Dein Aufenthalt?
Erblickt man hier die reizende Gestalt?
Daß Du gefällst, muß, wer dich kennt, bejahen;
Erlaube mir die Lust, mich satt an Dir zu seh'n.
Ja, der Fasan muß Dir an Farbe weichen.
Ist Dein Gesang nur halb so schön,
So wird an Seltenheit Dir auch kein Phönix gleichen."

Den Raben täuscht das Lob, das ihm der Falsche gab;
Er kann sich nicht vor stolzer Freude fassen.
„Ich," denkt er, „muß mich hören lassen,"
Und sperrt den Schnabel auf. Sein Käse fällt herab;
Der Fuchs gleich hinterher und spricht: „Mein schönster Rabe,
Ein Schmeichler lebt von dem, der ihn zu gerne hört,
Wie ich dir jetzt bewiesen habe.
Ist diese Lehre nicht zehn solcher Käse werth?"

v. Hagedorn, nach Aesop.

21. Die Maus und der Löwe.

Ein Löwe schlief in seiner Höhle, und um ihn her spielte eine
lustige Mäuseschaar. Eine derselben kroch eben auf einen hervor=
stehenden Felsen, fiel herab und erweckte den Löwen, der sie mit
seiner gewaltigen Tatze festhielt. „Ach," bat sie, „sei doch groß=
müthig gegen mich armes, unbedeutendes Geschöpf! Ich habe Dich
nicht beleidigen wollen; ich habe nur einen Fehltritt gethan und bin
von dem Felsen herabgefallen. Was kann Dir mein Tod nützen?

Schenke mir das Leben, und ich will Dir zeitlebens dankbar sein!“
„Geh hin,“ sagte der Löwe großmüthig und ließ das Mäuschen
springen. Bei sich aber lachte er und sprach: „Dankbar sein!
Nun das möchte ich doch sehen, wie ein Mäuschen sich einem Löwen
dankbar bezeugen könnte!“

Kurze Zeit darauf lief das nämliche Mäuschen durch den Wald
und suchte sich Nüsse; da hörte es das klägliche Gebrüll eines Lö=
wen. „Der ist in Gefahr!“ sprach es bei sich und ging der Stelle
zu, wo das Gebrüll herübertönte. Es fand den großmüthigen
Löwen von einem starken Netze umschlungen, das der Jäger künst=
lich ausgespannt hatte, um damit große Waldthiere zu fangen. Die
Stricke hatten sich so künstlich zusammengezogen, daß der Löwe
weder seine Zähne, noch die Stärke seiner Tatzen gebrauchen konnte,
um sie zu zerreißen.

„Warte nur, mein Freund,“ sagte das Mäuschen, „da kann
ich Dir wohl am besten helfen.“ Es lief hinzu, zernagte die Stricke,
welche seine Vordertatzen gefesselt hatten, und als diese frei waren,
zerriß er das übrige Netz und ward so durch die Hülfe des Mäus=
chens wieder frei.

Nach Aesop.

22. Die Feuersbrunst.

In einer Stadt, die durch des Feuers Flammen
Fast ganz in Schutt und Asche fiel,
Begab sich jüngst dies Trauerspiel.
Ein kleines Kind lag mitten in den Flammen,
Dem fürchterlichsten Tode nah.
Der edle Fürst, des Landes Vater, sah
Des Kindes Noth, rief vieles Volk zusammen
Und bot dem, der es retten wollte,
Zum Lohne tausend Thaler an.
D'rauf stürzte sich ein armer Mann,
Weil Keiner sonst es wagen wollte,
Hin durch die lichte, heiße Gluth,
Und seinem Heldenmuth
Gelang die schöne That; dem Tod entrissen
Legt er das Kind zu seines Fürsten Füßen.

„Freund,“ sprach der Fürst, „Du bist belohnenswerth;
Hier, nimm noch mehr, als Du begehrt!“—

„Nein!" sprach der Arme, „Gott der Herr
Hat schon gelohnt:—er half. Wozu noch mehr?
Verkaufen wollt' ich ja mein Leben
Für einen Beutel Geldes nicht;
Sie mögen's armen Leuten geben!
Das, was ich that, war meine Pflicht."

Ein Herz, von Edelmuth bewohnt,
Ist durch sich selbst am herrlichsten belohnt.

Göt.

23. Der Großvater und sein Enkel.

Es war einmal ein alter Mann, der konnte kaum gehen, seine Kniee zitterten, er hörte und sah nicht viel und hatte keine Zähne mehr. Wenn er nun bei Tische saß und den Löffel kaum halten konnte, schüttete er die Suppe auf das Tischtuch, und es floß ihm auch Etwas wieder aus dem Munde. Sein Sohn und dessen Frau ekelten sich davor, und deßwegen mußte sich der alte Großvater hinter den Ofen in die Ecke setzen, und sie gaben ihm sein Essen in ein irdenes Schüsselchen und noch dazu nicht einmal satt; da sah er betrübt nach dem Tische und die Augen wurden ihm naß. Einmal auch konnten seine zitternden Hände das Schüsselchen nicht festhalten, es fiel zur Erde und zerbrach. Die junge Frau schalt; er aber sagte Nichts und seufzte nur. Da kauften sie ihm für ein Paar Pfennige ein hölzernes Schüsselchen, aus welchem er essen mußte. Als sie nun sitzen, da trägt der kleine Enkel von vier Jahren auf der Erde kleine Brettlein zusammen. „Was machst Du da?" fragte der Vater. „Ei," antwortete das Kind, „ich mache ein Tröglein, daraus sollen Vater und Mutter essen, wenn ich groß bin."—Da sahen sich Mann und Frau eine Weile an, fingen endlich an zu weinen, holten sofort den Großvater an den Tisch und ließen ihn von nun an immer mitessen, sagten auch Nichts, wenn er Etwas verschüttete.

J. und W. Grimm.

24. Der Greis und der Knabe.

Den steilen Waldweg wankt hinan
Mit einer schweren Last ein Greis;
Gar sauer wird's dem armen Mann,
Von seiner Stirne rinnt der Schweiß.

Ein rüst'ger Knabe springt daher
In jugendlichem Ungestüm.
Der Greis seufzt laut: „Ich kann nicht mehr!"
Da ist der Knabe hinter ihm.

Es will der Alte müd und matt
Sich niederlassen in den Sand,
Als schon der Knab' erfasset hat
Die Bürde mit der kräft'gen Hand.

Auf seine Schultern schwingt er sie
Und freundlich spricht er: „Lieber Mann,
Das ist für mich ja keine Müh'!
Ich thu' es gern! Geht nur voran!"—

Die Beiden mit einander zieh'n
Bis vor des Greises Hinterthür;
Da legt der Knab' die Bürde hin.
Der Alte sprach: „Hab Dank dafür!

Und wenn Du einst wirst schwach und alt,
Gott wird Dir helfen auch! mein Sohn!"
Der Knabe springt zurück zum Wald—
Im Herzen war sein schönster Lohn.

v. Enslin.

25. Der Hirtenknabe und der Kirschbaum.

Ein Knabe weidete die Rinder seines Vaters auf einem Gras-platze neben dem Garten; und als er in die Höhe sah nach einem Kirschbaume, siehe! da waren einige Früchte davon reif geworden über Nacht. Und es gelüstete ihn, davon zu kosten und zu pflücken; denn sie lächelten ihm gar so schön röthlich zu, daß er die Thiere ließ und lief hin und kletterte den Baum hinauf. Eins von den Rindern aber, da es den Hirten nicht mehr sahe, machte sich über den Zaun, brach in den Garten, fraß von den Blumen und Kräu-tern nach Herzenslust; Anderes zertrat's mit seinen Füßen. Da ward der Knabe zornig, als er es sah, sprang von seinem Baume herab, nahm das Thier und schalt es und schlug es mit seinem Stecken. Der Vater hatte von fern hinter der Hecke zugesehen. Jetzt trat er hervor. „Warum schlägst Du das Thier?" fragte er. —Der Knabe, noch ganz erzürnt, wies auf die Spuren der Zer-störung, die es angerichtet hatte. „Ja so! da hast Du Recht, mein

Sohn; es hat die Strafe verdient," sagte der Vater. „Aber Du, wo warest Du denn indessen?"—Der Knabe wurde roth bis über die Ohren; aber er war ein ehrlicher, offener Junge und zeigte beschämt nach dem Kirschbaum hinauf.—„Da oben?"—„O Du strenger Richter!" fuhr der Vater fort, „Du züchtigst dieses Thier, das Du hüten solltest, und züchtigst es, weil sich's gelüsten ließ, während Du dort oben Kirschen naschtest, sich wohlzuthun hier unten nach Deinem eignen Beispiele! Es soll mir lieb sein, wenn die Kirschen Dir geschmeckt haben, mein Sohn," setzte er lächelnd hinzu; „denn dazu haben wir sie ja. Aber Alles zu seiner Zeit, und darum sollte es mir noch lieber sein, wenn Du Dir's künftig zur Lehre dienen ließest, den Schaden, den Du selbst verschuldet, und Deine eigenen Fehler nicht zuerst an Anderen zu bestrafen. Komm her, gieb mir die Hand darauf!" Und der Knabe gab ihm die Hand. Aber die Schläge, die er dem Thiere gegeben, thaten ihm jetzt eben so wehe, als wenn er sie selbst bekommen hätte.

Krummacher.

26. Die Katzen und der Hausherr.

Thier und Menschen schliefen feste,
Selbst der Hausprophete schwieg,
Als ein Schwarm geschwänzter Gäste
Von den nächsten Dächern stieg.

In dem Vorsaal eines Reichen
Stimmten sie ihr Liedchen an,
So ein Lied, das Stein' erweichen,
Menschen rasend machen kann.

Hinz, des Murrners Schwiegervater,
Schlug den Takt erbärmlich schön,
Und zwei abgelebte Kater
Quälten sich, ihm beizusteh'n.

Endlich tanzen alle Katzen,
Poltern, lärmen, dass es kracht,
Zischen, heulen, sprudeln, kratzen,
Bis der Herr im Haus erwacht.

Dieser springt mit einem Prügel
In dem finstern Saal herum,

Schlägt um sich, zerstört den Spiegel,
Wirft ein Dutzend Tassen um;

Stolpert über ein'ge Späne,
Stürzt im Fallen auf die Uhr,
Und zerbricht zwei Reihen Zähne:
Blinder Eifer schadet nur.

LICHTWER.

27. Mutterliebe.

Im Garten eines freundlichen Mannes hatte ein Böglein sein Nest gebaut. Mit seinen vier Jungen lebte es darin ungestört. Der Herr des Gartens aber hatte an dem emsigen Thierlein große Freude.

Da entstand eines Abends ein furchtbares Gewitter. Der Donner rollte und zischende Blitze schlängelten sich durch die Luft. Regen und Hagel schlugen mit lautem Geprassel an die Fenster. Das Unwetter dauerte bis tief in die Nacht.

Am folgenden Morgen ging der Herr des Gartens früh hinaus. Im Garten lagen Erbsen und Bohnen durcheinander und zerschlagen vom Hagel. Da gedachte der Mann des Bögleins. Mit schnellen Schritten eilte er zu dem Neste. Welch ein Anblick! Todt lag mit ausgebreiteten Flügeln die Alte auf dem Neste, und die Jungen reckten die unbefiederten Hälse unter den Flügeln hervor und schrien um Futter. Thränen traten dem Manne in die Augen und er rief aus: „O du Alles vermögende Mutterliebe!"

28. Holien.

In China lag beim Sternenlichte
Ein Jüngling—Dank sei der Geschichte
Für seinen Namen!—Holien
Lag müd' auf seiner Binsenmatte
Und sah, vom Räuber ungesehn,
Der sein Gemach erstiegen hatte,
Wie hurtig er, was ihm gefiel,
In seinen weiten Schnappsack steckte
Er regt sich nicht auf seinem Pfühl,
Blinzt nur mit einem Aug'.—Nun streckte
Der Gaudieb die verruchte Hand

Nach einem Topf von Ziegelerde,
Der leer in einem Winkel stand.

„Laß,“ rief mit flehender Geberde
Jetzt Holien, „laß, armer Mann,
Mir diesen Topf, damit ich morgen
Für meine Mutter kochen kann!“
Der Räuber bebt. „Schlaf’ ohne Sorge...
Solch einen Sohn bestehl’ ich nicht,“
Lallt er, legt all’ die Beute nieder
Und wischt sich Thränen vom Gesicht.

Seit diesem Tag stahl er nicht wieder.

Pfeffel.

29. Der Edelstein.

Ein roher Edelstein lag im Sande zwischen vielen anderen gemeinen Steinen. Ein Knabe sammelte von diesen zu seinem Spiele und brachte sie nach Hause zugleich mit dem Edelsteine; aber er kannte diesen nicht. Da sah der Vater des Knaben dem Spiele zu und bemerkte den rohen Edelstein und sagte zu seinem Sohne: „Gieb mir diesen Stein!“—Solches that der Knabe und lächelte, denn er dachte, was will der Vater mit dem Steine machen?

Dieser aber nahm und schliff den Stein künstlich in regelmäßige Flächen und Ecken, und herrlich strahlte nun der geschliffene Demant. „Siehe,“ sagte darauf der Vater, „hier ist der Stein, den Du mir gabst.“ Da erstaunte der Knabe über des Gesteines Glanz und herrliches Funkeln und rief aus: „Mein Vater, wie vermochtest Du dieses?—Der Vater sprach: „Ich erkannte des rohen Steines Tugend und verborgene Kräfte; so befrei’ ich ihn von der ihn verhüllenden Schlacke.—Jetzt strahlt er mit seinem natürlichen Glanze.“

Darnach, als der Knabe ein Jüngling geworden war, gab ihm der Vater den veredelten Stein als Sinnbild von des Lebens Werth und Würde.

Krummacher.

30. Die Sonne und die Thiere.

„O Sonne, scheine nicht so heiß!
Ich muß vor Mattigkeit und Schweiß
Bei meiner Arbeit schier erliegen!“

2

So rief der Esel.—„Dank für deinen heitern Schein,
O Sonne!" rief die Schlange. „Mit Vergnügen
Leg' ich mich stundenlang hinein."
Die Eule schrie: „Verschone mein Gesicht
Mit deinem mir verhaßten Licht,
O Sonne! Kann ich doch kein Schlupfloch finden,
Wohin dein Strahl nicht bringt! Ich werde noch erblinden."
„Wohlthät'ge Sonne, sei mir lange noch geneigt!"
Hub eine Feldmaus an. „Es reifen meine Aehren;
Vollauf kann ich mich wieder nähren."
Die Sonne hört es an, scheint fort—und schweigt.

Willamow.

31. Die zwei Pflugschare.

Von einerlei Gattung Eisen und in eben derselben Werkstätte wurden zwei Pflugschare verfertigt. Eine davon kam
in die Hand eines Landmanns, die andere wurde in einen
Winkel des Schuppens geworfen, lag allda ruhig acht oder
neun Monate lang und ward mit Rost überdeckt. Jetzt erst
erinnerte man sich ihrer und zog sie auch wieder hervor. Wie
erstaunte diese Pflugschar, als sie ihre ehemalige Schwester
erblickte und sie mit sich selbst verglich! Denn sie fand
sie hell und spiegelglatt, ja fast glänzender noch, als sie Anfangs war.—Ist das möglich? rief die verrostete aus; einst
waren wir einander gleich. Was hat dich so herrlich erhalten, da ich in der glücklichsten Ruhe so verunstaltet worden
bin?—Eben diese Ruhe, erwiederte jene, war dir verderblich.
Mich hat Uebung und Arbeit erhalten. Ihr nur verdank'
ich es, dass ich dich jetzt übertreffe.

MEISSNER.

32. Die Kröte und die Wassermaus.

Von den Ufern einer See
Krochen einst des Abends späte
Eine Wassermaus und Kröte
An dem Berge in die Höh'.
Aber mitten in dem Wandern
Rollt die eine mit der andern
Plötzlich in die See hinab;

Und wie ſehr die Kröte rang
Und den Leib zum Schwimmen zwang
Fand ſie doch allhier ihr Grab.
Alſo ging's der armen Kröte.
Ihr Geſell, die Waſſermaus,
Machte ſich nicht viel daraus;
Sie treibt ihr Gewerb' in Flüſſen
Wenn es auf der Erde ruht;
Folglich, ſeht ihr, iſt es gut,
Mehr als eine Kunſt zu wiſſen.

33. Fritz und der Wolf.

Fritz war der Sohn eines deutschen Unterförsters im
Lande Polen. Seine Aeltern hatten ihr Häuschen mitten im
Walde, ungefähr eine Stunde von einem Dorfe und dahin
wurde Fritz heute bei einbrechender Nacht mit einem Briefe
geschickt. Es war tief im Winter, der Schnee blitzte, und
eben ging der Mond auf. Fritz blieb lange im Dorfe, er besuchte alle seine Freunde und trat erst gegen neun Uhr den
Rückweg wieder an. Als er nun im Walde ungefähr dreihundert Schritte von seiner Aeltern Haus entfernt war, sah
er Etwas am Wege sitzen, das er anfangs für einen Hund
hielt. Als er aber näher kam, sah er zu seinem grössten
Schrecken, dass es kein Hund, sondern ein Wolf war. In der
Angst warf er sich platt auf den Weg.

Der Wolf näherte sich augenblicklich mit langsamen be-
dächtigen Schritten, stand vor ihm stille und schnoberte ihn
forschend an. Fritz rührte kein Glied.

Jetzt umging ihn der Wolf, stand dann unten bei den
Füssen still und fing an, ihn zu beriechen und hier und da
mit der Schnauze zu bestossen. Ueberall traf er auf Klei-
dungsstücke. Er rückte immer höher und höher nach dem
Kopfe herauf und stiess auf das Genick—das erste Fleisch.—
Er leckte, er schnoberte, er kniff mit den Lippen, und das
Wasser lief aus dem Rachen in Fritzens Halsbinde. Das
Lecken wurde lebhafter, das Schnauben heftiger und gieriger.
Der Wolf trat jetzt mit einem Fusse über, so dass er Fritzens
Hals zwischen seinen beiden Vorderklauen hatte.

Jetzt Tod oder Leben! dachte Fritz. Schnell wie der
Blitz fasste er den Wolf bei den beiden Vorderklauen, zog ihn

fest an sich, sprang auf und trug so seinen hungrigen Gast auf dem Rücken. Der Wolf wollte beissen, allein Fritz zog ihn so dicht an sich, dass er nicht Raum genug behielt, um mit seinen Zähnen eingreifen zu können. Die Schnauze lag dicht an Fritzens linker Backe; die scharfe trockene Zunge hing neben seinem Munde; der Wolf röchelte, als ob ihm die Kehle zugeschnürt würde und kratzte mit seinen Hinter-klauen dem armen Jungen die Waden durch Stiefel und Strümpfe blutig.

"Vater! Vater!" rief nun Fritz, als er glücklich an die Hofthür gelangt war, "Vater, um Gottes willen, Vater!" wiederholte er in schrecklicher Angst, denn Niemand hörte. Die Thür war inwendig verriegelt; im Hause schlief Alles. Er war erschöpft. Pochen konnte er nicht, er hatte keine Hand frei; mit dem Fusse traute er sich nicht an die Thüre zu stossen, weil er fürchtete, das Gleichgewicht zu verlieren und umzufallen. Endlich rannte er rückwärts mit seinem Freund Wolf gegen die Thür. Der Wolf kreischte.—Da schlugen alle Hunde im Hofe an. Tyras, Diana, Waldmann, der kleine Dachs, Luchs, Fink, alle waren mit einander auf dem Platze.

"Vater!" rief er durch das Hundegebell hindurch, "um Gottes willen macht auf, ich habe einen Wolf lebendig!"— Jetzt hörte der alte Förster; die sorgsame Mutter war auch schon unten im Hofe und öffnete die Thür, wo der Vater mit einer Kugelbüchse im Anschlag stand.

"Schiesst nicht!" rief ihm der Sohn entgegen, "ich habe ihn ja auf dem Rücken. Nur die Scheune aufgemacht!" Er stellte sich mit dem Rücken gegen die Scheunenöffnung und warf den Wolf mit einem Rucke auf die Tenne. Hier erwar-teten die Hunde den Gefangenen. Drei biss er todt, bis eine Kugel sein Leben endete.

MELOS.

34. Der Esel und die drei Herren.

Ein armer Bauer wollte sterben;
Drei Söhne standen um ihn her.
Ach, arme Kinder! seufzet er,
Euch hinterlaß ich nichts zu erben,

Als meinen Esel! Und mein ganzes Testament
Ist dies: Besitzt ihn ungetrennt;
Dem dien' er heute, Jenem morgen,
Und wer ihn braucht', mag ihn versorgen.

Der Vater stirbt. Der Aelt'ste muß
Den Esel wohl am ersten haben.
Von früh bis in die Nacht läßt er den Schimmel traben,
An Futter Nichts, an Schlägen Ueberfluß:
Mein Bruder, denkt er, hat ihn morgen,
Der wird ihn schon mit Kost versorgen.

Der Zweite holt den matten Gaul
Und überladet ihn mit Säcken.
„Ha, ha! das Schmausen macht dich faul,
Du ließest dir's beim Bruder schmecken!"
Der Esel keucht mit dürrem Gaum
Und schleppt sich bis zum Stalle kaum

Den dritten Tag die alte Plage:
„Es giebt nicht lauter Feiertage,
Ein wenig Fasten ist gesund;
Ich merke schon, du wirst zu rund."

Der Esel fällt vor Schwäche nieder,
Schnappt auf und reget sich nicht wieder.
Nun theilt euch in die Haut, ihr Brüder!

Nicolai.

35. Die Bärenhaut.

Zwei junge Handwerker, welche auf der Wanderschaft waren,
kamen auch nach Polen. Da gab es wenig für sie zu verdienen,
und ihr Geld und ihre Fröhlichkeit, woran sie vorher so reich ge=
wesen, hatten sehr bald abgenommen. Zu ihrem Glücke war ein
Kürschner sehr gutwillig gegen sie und gab den beiden Leuten Kost
und Wohnung.

Zu derselben Zeit war in dem nahe gelegenen Walde ein gro=
ßer Bär, welcher viel Unheil anrichtete und alle Wanderer in Furcht
setzte. „Herr Wirth," sagten die Handwerker, „nun wollen wir
Euch vollkommen bezahlen. Wir wollen uns über den Bär her=
machen und Euch die Haut überlassen. Das soll eine Lust geben!
Zwei Jäger sollen den Brummbären nicht besser hetzen können, als

wir." „Wenn Ihr meint, Ihr Herren," sagte lächelnd der Kürsch=
ner,—„meinethalben."

Die Handwerker gehen in den Wald und bald finden sie den
Bären, der grimmig auf sie zugeht. Da lief's ihnen eiskalt über
die Haut. Einer rettete sich eiligst auf einen Baum, der Andere,
welcher nicht so geübt im Klettern war, streckte sich platt auf die
Erde aus, hielt den Athem an sich und stellte sich todt; denn er er=
innerte sich, gehört zu haben, daß kein Bär einen Todten fresse,
und daß man dieselben auf diese Weise hintergehen könne. Der
Bär beroch den Menschen, wandte ihn mit seinen Tatzen um und
ließ ihn liegen.

Als der Bär weit genug entfernt war, stieg Jener vom Baume
herunter, und Dieser raffte sich von der Erde auf. „Du," sprach
der Baumkletterer zu seinem Freunde, „was sagte Dir denn der
Bär in's Ohr?"—„Er sagte mir," antwortete der Andere, „daß
man die Haut nicht eher verkaufen soll, bis man den Bären
hat."—

36. Die Milchfrau.

Auf leichten Füßen lief ein artig Bauerweib,
Geliebt von ihrem Mann', gesund an Seel' und Leib,
Früh Morgens in die Stadt und trug auf ihrem Kopfe
Vier Kannen süße Milch in einem großen Topfe.
Sie wollte gar zu gern „kauft Milch" am ersten schrei'n;
Die erste, dachte sie, die erste Milch ist theuer;
Will's Gott, so nehm' ich heut' sechs baare Groschen ein;
Dafür kauf' ich mir dann ein viertel Hundert Eier.
Mein Hühnchen brütet sie mir all' auf einmal aus;
Gras, eine Menge, steht um unser kleines Haus;
Die kleinen Küchelchen, die meine Stimme hören,
Die werden herrlich da sich letzen und sich nähren.
Und ganz gewiß, der Fuchs, der müßte listig sein,
Ließ er mir nicht so viel, daß ich ein kleines Schwein,
Dafür eintauschen könnte. Seht nur an!
Wenn ich mich etwa schon im Geiste darauf freue,
So denk' ich nur dabei an meinen lieben Mann.
Zu mästen kostet's mir ja nur ein wenig Kleie.
Hab' ich das Schweinchen fett, dann kauf' ich eine Kuh
In meinen kleinen Stall, ein Kälbchen noch dazu;
Das Kälbchen will ich dann auf meine Weide bringen,

Und munter hüpft's und springt's, wie da die Lämmchen springen,
Hei, sagt sie und springt auf, und von dem Kopfe fällt
Der Topf und mit ihm auch zugleich das baare Geld;
Und Kalb und Kuh und Reichthum und Vergnügen
Sieht nun das arme Weib vor sich in Scherben liegen.
Erschrocken bleibt sie steh'n und sieht die Scherben an;
„Die schöne weiße Milch," sagt sie, „auf schwarzer Erde!"
Weint, geht betrübt nach Haus, erzählt's dem lieben Mann',
Der ihr entgegen kommt mit freundlicher Gebehrde.
„Kind," sagt der Mann halbernst, „bau' Dir ein ander Mal
Nicht Schlösser in die Luft, man bauet seine Qual.
So schnell ein Rad sich dreht, so stürzen sie geschwind.
Wir haben Glück genug, wenn wir zufrieden sind."

Gleim.

37. Die Ernte.

Mit Wonnegefühl sah Johanny, der weise Lehrer, zur Zeit der Ernte das frohe Regen und Treiben, das Mähen und Sammeln auf den gesegneten Fluren und sprach also zu seinen Schülern: "Die Ernte gleicht einem festlichen Mahle, welches ein Hausvater seinen Kindern bereitete. Und am Tage des Festes gab er einigen seiner Kinder mannigfaltige Gaben und gab ihnen so reichlich, so freundlich und liebevoll, dass ihnen die Thräne des Dankes und der Freude ins Auge trat. Aber einige unter ihnen entliess er ohne Gabe. Da traten die Armen zurück und ihrem Auge entquoll auch eine Thräne, aber es war nicht die Thräne der Freude, sondern die, welche der Schmerz auspresst."

Innig gerührt sahen dies die beglückteren Brüder und sprachen wie mit Einem Munde: "Nein, das kann der Wille unseres guten Vaters nicht sein, dass ihr trauern solltet, während wir uns seiner Güte freuen, und wie könnten wir selbst uns freuen, so lange wir euch trauern sehen! Nein, kommt und empfanget auch ihr euern Theil von dem Segen, den der gute Vater uns gegeben hat!"—Also sprachen sie und gaben mit milder Hand; und heiter wurde das Angesicht Derer, die empfangen, noch heiterer das Derer, die gegeben hatten, denn Geben ist seliger als Nehmen.

Da blickte der Vater mit Wohlgefallen auf sie Alle und sprach: "Seid mir gesegnet, meine Kinder! Ihr habt mei-

26

nen Sinn errathen und nach meinem Herzen gehandelt. Keinen unter euch hatte ich vergessen, wie könnte ich das? Ihr seid ja alle meine Kinder! Aber absichtlich vertheile ich meine Gaben so, dass das Band der Bruderliebe durch Geben und Empfangen unter euch fester geknüpft und der Eine durch Mildthätigkeit, der Andere durch Dankbarkeit veredelt werde. Ihr habt meinen Sinn errathen und meinem Herzen wohl gethan; darum seid mir gesegnet, meine Kinder!"

DEMME

38. Die Theilung.

Ein reicher Vater war gestorben.—Drei Söhne hatten, was sein Fleiß erworben,—sich gleich getheilt. Nach kurzer Zeit—kam Krieg ins Land. Da sah man weit und breit—Brandstätten, Blutgefilde, Wüsteneien.—Zwei Brüder von den dreien—verloren durch der Feinde Wuth—in wenig Jahren Hab' und Gut.—Der dritte hörte dies und sprach: „Ich will den Segen,—den ich, seit unser Vater starb,—durch Glück gewann, durch Fleiß erwarb,—zu dem geerbten Drittheil legen!—Ihr solltet Beide elend sein?—Ihr, meine Brüder? Ich allein—der Glückliche? Verarmte Brüder,—kommt, theilt von Neuem!"—Und sie theilten wieder.

Götz.

39. Die Reue.

Ein Landmann hatte mit eigenen Händen eine Reihe edler Obstbäumchen gezogen. Zu seiner großen Freude trugen sie die ersten Früchte, und er war begierig zu sehen, von welcher Art sie sein möchten. Da kam der Sohn des Nachbars, ein böser Bube, in den Garten und lockte das Söhnlein des Landmanns, also daß sie hingingen und die Bäumchen allesammt ihrer Früchte beraubten, ehe sie völlig gereift waren. Als nun der Herr des Gartens hinzutrat und die kahlen Bäumchen erblickte, da ward er sehr bekümmert und rief: „Ach, warum hat man mir das gethan? Böse Buben haben mir meine Freude verdorben!"—Diese Worte gingen dem Söhnlein des Landmanns sehr zu Herzen und er lief zu dem Sohne des Nachbars und sprach: „Ach, mein Vater ist bekümmert um die That, welche wir verübt haben. Nun hab' ich keine Ruhe mehr in meinem Gemüthe. Mein Vater wird mich nicht mehr lieben, sondern mit Verachtung strafen, die ich verdient habe."—

Da antwortete jener: „Du Thor, Dein Vater weiß es ja nicht und
wird es niemals erfahren. Du mußt es ihm sorgfältig verhehlen
und auf Deiner Hut sein." Als aber Gotthold (so hieß der Knabe)
nach Hause kam und das freundliche Antlitz seines Vaters sah, da
vermochte er nicht, wieder freundlich zu ihm hinaufzusehen; denn er
dachte: „Wie sollte ich ihn fröhlich ansehen können, den ich betrübt
habe? Kann ich mich doch selber nicht anblicken. Es liegt mir wie
ein dunkler Schatten in meinem Herzen."—Jetzt trat der Vater
herzu und reichte jeglichem seiner Kinder von den Früchten des
Herbstes und Gotthold desgleichen. Da hüpften die Kinder her=
bei und freuten sich sehr und aßen. Gotthold aber verbarg sein
Antlitz und weinte bitterlich.—Da hub der Vater an und sprach:
„Mein Kind, was weinest Du?" Und Gotthold antwortete: „Ach,
ich bin nicht werth, daß ich Dein Sohn heiße. Ich kann es nicht
länger tragen, daß ich vor Dir anders erscheine, als ich bin und
mich selbst erkenne. Lieber Vater, thue mir ferner nicht mehr Gu=
tes, sondern strafe mich, damit ich wieder zu Dir kommen darf und
aufhöre, mein eigener Quäler zu sein. Laß mich nur hart büßen
für mein Vergehen; denn siehe, ich habe die jungen Bäumchen be=
raubt."—Da reichte ihm der Vater die Hand, drückte ihn an sein
Herz und sprach: „Ich vergebe Dir, mein Kind! Gebe Gott, daß
dies das erste und letzte Mal sei, daß Du Etwas zu verhehlen hast.
Dann soll es mir nicht leid sein um die Bäumchen."

Krummacher.

40. Der junge Adler.

Auf einem hohen Felsen hatten
Zwei Adler ihre junge Brut;
Das Weib beschützte mit dem Gatten
Sie sorgsam vor der Stürme Wuth.
Einst sah'n die naseweisen Gäste,
(Sie wuchsen nach gerad' heran,)
Mit langen Hälsen aus dem Neste
Die Thäler unten lüstern an.
Die Alten fürchteten Gefahr
Und zogen sie ins Nest zurück.
Als beid' einmal nach Futter flogen,
So wagt ein junger doch sein Glück;
Er flattert nach dem nächsten Hügel,
Doch er erreicht ihn nicht; denn ach!

28

Die kaum von ihm versuchten Flügel
Sind dem gewagten Flug zu schwach;
Er stürzt und fällt die Brust sich morsch entzwei,
Die Mutter ist nicht weit, sie hört das Klag'geschrei
Und fliegt mit Mutterangst herbei.
Doch schon verstummen seine Klagen,
Er öffnet nur, des Lebens halb beraubt,
Den Schnabel noch, als wollt' er sagen:
"Ihr Aeltern, hätt' ich euch geglaubt,
So läg' ich jetzt nicht so zerschlagen,
Und färbte nicht die Erde roth!"
Sie wollten ihn zum Neste tragen:
Allein jetzt war der Arme todt.

TIEDGE.

41. Die Fahrt über den Strom.

Ein Jüngling kam an einen breiten Strom, um sich übersetzen zu lassen. Es war die erste Wasserfahrt in seinem Leben. Das Dorf, wohin er begehrte, lag der Anfuhrt, von welcher er abstieß, gerade gegenüber. Der Schiffer aber stemmte sich auf seinem Kahne der Strömung des Wassers so mächtig entgegen, daß es schien, als wollte er weit oberhalb des Dorfes landen.

Der Reisende fragte daher: „Wo soll es denn hingehen, guter Freund?" „Gerade hinüber!" antwortete der Schiffer. „Wenn das gerade heißt," sprach der junge Mensch, „so habe ich alles Augenmaß verloren. Geht es so fort, so kommen wir 4—500 Schritte zu weit hinauf."

„Ja, mein lieber junger Herr, wenn es so fortgeht,"—versetzte der Schiffer; „die Gewalt des Wassers aber wird uns, wenn wir in die Mitte kommen, weit genug abwärts treiben. Mein seliger Vater pflegte zu sagen: „Ein guter Fährmann, der gerade über einen Strom will, muß, wie ein guter Christ, sein Ziel ein wenig zu hoch stecken, sonst kömmt er zu tief darunter. Den Einen treibt der Strom des Wassers, den Andern der Strom der Welt abwärts."

Wirklich mußte der Schiffer am Ende noch alle Kräfte anstrengen, um nicht unter dem Ziele zu landen; der Jüngling aber bezahlte das Fahrgeld vierfach. „Eine gute Lehre," sprach er, „ist oft mehr werth, als ein geleisteter Dienst, und Ihm, mein lieber Freund, gebührt für Beides meine Erkenntlichkeit."

Krummacher.

42. Der Jüngling und der Greis.

„Wie fang' ich's an, um mich empor zu schwingen?"
Fragt' einst ein Jüngling einen Greis.
„Der Mittel," fing er an, „um es recht weit zu bringen,
Sind zwei bis drei, so viel ich weiß.

Sei tapfer! Mancher ist gestiegen,
Weil er entschlossen in Gefahr,
Ein Feind von Ruh' und von Vergnügen
Und durstig nur nach Ehre war.

Sei weise, Sohn! den Niedrigsten auf Erden
Ist's oft durch Ernst und Fleiß geglückt,
Im Vaterlande groß zu werden.
Zu Beiden macht man sich durch Geist und Herz geschickt.

Dies sind die Mittel großer Seelen,
Doch sind sie schwer, ich will Dir's nicht verhehlen."—
„Ich habe leichtere gehofft."—
„Gut," sprach der Greis, „willst Du ein leicht'res wählen,
So sei ein Narr, auch Narren steigen oft."

Gellert.

43. Das gestorbene Kanarienvœgelchen.

Ein kleines Mädchen, Namens Karoline, hatte ein aller-
liebstes Kanarienvögelchen. Das Thierchen sang vom frühen,
lichten Morgen bis an den Abend und war sehr schön gold-
gelb mit schwarzem Häubchen. Karoline aber gab ihm zu
essen Samen und kühlendes Kraut, auch zuweilen ein Stückchen Zucker und täglich frisches, klares Wasser. Aber plötzlich begann das Vöglein zu trauern, und eines Morgens, als
Karoline ihm Wasser bringen wollte, lag es todt in dem
Käfige. Da erhob die Kleine ein lautes Wehklagen um das
geliebte Thier und weinte sehr. Die Mutter des Mägdleins
aber ging hin und kaufte ein anderes, das noch schöner war
an Farben, und eben so lieblich sang wie jenes und that es
in den Käfig. Allein das Mägdlein weinte noch lauter, als
es das neue Vögelchen sah. Da wunderte sich die Mutter
sehr und sprach: "Mein liebes Kind, warum weinst Du noch
und bist so sehr betrübt? Deine Thränen werden das ge-

storbene Vögelchen nicht wieder ins Leben rufen; und hier
hast Du ein anderes, das nicht schlechter ist, denn jenes!"
Da sprach das Kind: "Ach, liebe Mutter, ich habe Unrecht
gegen das Thierchen gehandelt und nicht Alles an ihm gethan, was ich sollte und konnte!" "Liebe Lina," antwortete die Mutter, "Du hast sein ja sorgfältig gepflegt!" "Ach
nein," erwiederte das Kind, "ich habe noch kurz vor seinem
Tode ein Stückchen Zucker, was Du mir für dasselbe gabst,
ihm nicht gebracht, sondern selbst gegessen." So sprach das
Mädchen mit betrübtem Herzen. Die Mutter aber lächelte
nicht über die Klagen des Mädchens—denn sie erkannte
wohl und verehrte die heilige Stimme der Wahrheit in dem
Herzen des Kindes. "Ach," sagte sie, "wie mag dem un-
dankbaren Kinde zu Muthe sein am Grabe der Aeltern!"

KRUMMACHER.

44. Der Hänfling.

Ein Hänfling, den der erste Flug
Aus seiner Aeltern Neste trug,
Fing an, die Wälder zu beschauen
Und fühlte Lust, sich anzubauen.
Ein edler Trieb, denn eig'ner Heerd
Ist, sagt das Sprüchwort, Goldes werth

Die stolze Gluth der jungen Brust
Macht ihm zu einem Eichbaum Lust.
„Hier wohn' ich," sprach er, „wie ein König;
Dergleichen Nester giebt es wenig!"
Kaum stand das Nest, so ward's verhehrt
Und durch den Donnerstrahl verzehrt.

Es war ein Glück bei der Gefahr,
Daß unser Hänfling auswärts war;
Er kam, nachdem es ausgewittert,
Und fand die Eiche halb zersplittert.
Da sah' er mit Bestürzung ein,
Er könne hier nicht sicher sein.

Mit umgekehrtem Eigensinn
Begab er sich zur Erde hin,

Und baut in niedrigem Gesträuche,
So scheu macht ihn der Fall der Eiche;
Doch Staub und Würmer zwangen ihn,
Zum andern Mal davon zu ziehn.

Da baut er sich das dritte Haus
Und sucht ein dunkles Büschchen aus,
Wo er den Wolken nicht zu nahe,
Auch nicht die Erde vor sich sahe;
Ein Ort, der in der Ruhe liegt;
Da lebt er noch und lebt vergnügt.

Vergnügte Tage findet man,
Woferne man sie finden kann,
Nicht auf dem Thron und nicht in Hütten
Kannst du vom Himmel es erbitten,
So sei dein eig'ner Herr und Knecht;
Dies bleibt des Mittelstandes Recht.

Lichtwer.

45. Der Wald und der junge Bauer.

Der Besitzer eines Bauerngutes hatte unter Anderem
einen ziemlich grossen Busch, der ihm bei Weitem nicht so
viel Nutzen trug, als ein gleich grosses Stück Ackerfeld gebracht haben würde. Er trug daher seinem ältesten Sohne
auf, die Bäume abzuhauen und auszurotten. Der Jüngling
ging; doch als er die ganze weite Strecke Landes übersah,
dachte er unwillig: "Dies ist eine Arbeit, mit welcher ich
lebenslang nicht fertig werden kann!" Unmuthig warf er
sich unter einen Baum und brachte diesen und den folgenden
Tag mit Murren, Schlafen und Nichtsthun zu.

So fand ihn der Vater und sah bald, worin er gefehlt
habe. Statt auf den Ungehorsam zu schmähen, wie der Sohn
schon vermuthet hatte, sagte er selbst: "Du hast Recht, diese
Mühe ist für einen einzigen Menschen allzu gross. Aber
was meinst Du? Getraust Du Dich wohl, jenen Winkel von
ungefähr zwanzig Schritten in's Gevierte ohne Gehülfen zu
säubern?" Der Jüngling war willig dazu, griff das Werk
sogleich an und ward nach acht oder zehn Tagen damit fertig. "Wie, wenn Du es noch mit jenem Stücke, dass nicht
grösser sein wird, auch versuchtest?" fragte der Vater aber-

mals, und fand gleiche Bereitwilligkeit, gleichen Erfolg. So ging es noch sechs- oder siebenmal; und ehe der Sommer verflossen war—lag der Wald darnieder.

Beim Anblicke einer grossen Arbeit verzage nicht! Greife sie muthig an, und du wirst sie, wenn auch allmälig, aber gewiss desto sicherer und leichter überwinden. Es ist wenig in der Natur, was anhaltender menschlicher Thätigkeit unmöglich fiele.

MEISSNER.

46. Schwert und Pflug.

Einst war ein Graf, so geht die Mähr, der fühlte, daß er sterbe, die beiden Söhne rief er her, zu theilen Hab und Erbe.

„Nach einem Pflug, nach einem Schwert," rief da der alte Degen, das brachten ihm die Söhne werth, da gab er seinen Segen.

„Mein erster Sohn, mein stärkster Sproß, Du sollst das Schwert behalten, die Berge mit dem stolzen Schloß und aller Ehren walten.

Doch Dir, nicht minder liebes Kind, Dir sei der Pflug gegeben; im Thal, wo stille Hütten sind, da magst Du friedlich leben."

So starb der lebensmüde Greis, als er sein Gut vergeben; die Söhne hielten das Geheiß treu durch ihr ganzes Leben.

Doch sprecht, was ward denn aus dem Stahl, dem Schlosse und dem Krieger? Was ward denn aus dem stillen Thal, was aus dem schwachen Pflüger?

O, fragt nicht nach der Sage Ziel, euch künden rings die Gauen: Der Berg ist wüst, das Schloß zerfiel, das Schwert ist längst zerhauen.

Doch liegt das Thal voll Herrlichkeit im lichten Sonnenschimmer, da wächst und reift es weit und breit man ehrt den Pflug noch immer.

Wolfgang Müller.

47. Die drei Hausräthe.

„Wie fangt Ihr's denn an, lieber Nachbar, daß Euer Hauswesen so wohl bestellt ist, und man sieht doch nichts Besonderes an Euch und an dem, was bei Euch vorgeht? Wir Andern arbeiten doch auch und geben Acht auf das Unsrige und halten es zu Rath, so gut es gehen mag, und doch bettet's nicht." Der Nachbar antwortete: „Ich wüßte nicht, was Schuld daran sein sollte, es wären

denn nur meine drei Hausräthe, denen ich wohl das Alles zu ver=
danken habe."—„Eure drei Hausräthe? Wer sind denn die?"—
„Der Haushund, der Haushahn und die Hauskatze."—„Ihr spot=
tet?"—Es ist mein baarer Ernst; denn seht, der Haushund bellt,
wenn ein Feind herbeischleicht, und da heißt es denn: „Aufge=
schaut!" Der Haushahn kräht, wenn der Tag anbricht, und da
heißt es denn: „Aufgestanden!" Und die Hauskatze putzt sich, wenn
ein werther Gast kommt, und da heißt es denn: „Aufgerichtet!"—
„Ich versteh', Nachbar, was Ihr damit sagen wollt. Ihr meint,
daß drei Dinge nöthig seien, um dem Hauswesen aufzuhelfen: Vor=
sorge gegen Alles, was schaden kann, Thätigkeit in Allem, was
nützen kann, und Freundlichkeit gegen Alle, die uns wohlwollen und
wohlthun."—„Wenn Ihr's so nehmen wollt, so ist mir's recht;
aber meine Hausräthe lob' ich doch d'rum, daß sie mich jederzeit
mahnen, was zu thun ist, ich könnt's sonst leicht vergessen."

Auerbach.

48. Der Vater und sein Sohn.

Merk' auf, ich bitte dich, wie's jenem Alten ging,
Der, um die Welt zu seh'n noch an zu wandern fing.
Ein Esel trug ihn fort, sein Sohn war sein Gefährte.
Als nun der sanfte Ritt kaum eine Stunde währte,
Hielt ihn ein Reisender mit diesen Worten an:
„Was hat Euch, lieber Mann, das arme Kind gethan,
Daß ihr's laßt neben Euch auf schwachen Füßen traben?"
Da stieg der Vater ab und wich dem müden Knaben.
Doch, als er dergestalt die Liebe walten ließ,
Sah' er, daß man hernach mit Fingern auf ihn wies.
„Ihr könntet ja mit Recht," hört er von andern Leuten,
„Zum wenigsten zugleich mit Eurem Buben reiten!"
Er folgte diesem Rath, und als er weiter kam,
Erfuhr er, daß man ihm auch dieses übel nahm.
Es schrie der ganze Markt: „Ihr thut dem Thiere Schaden,
Wer wird in aller Welt sein Vieh so überladen?"
Der Alte, der noch nie die Welt so wohl gekannt,
Nahm seinen Weg zurück, wie er's am besten fand,
Und sagte: „Sollt' ich mich in alle Menschen schicken,
So packten sie mir gar den Esel auf den Rücken."

Conitz.

49. Die drei Goldfischchen.

Ein guter Mann hatte einstmals drei Goldfischchen, die niedlichsten Fische von der Welt. Er hatte sie in einen klaren Teich gesetzt und großes Wohlgefallen an ihnen. Oft setzte er sich am Ufer hin und brockte Semmelkrumen in's Wasser, und da kamen denn die niedlichen Fischchen und ließen sich's wohl schmecken.

Da rief er ihnen beständig zu: „Fischchen! Fischchen! nehmt euch ja in Acht vor Zweierlei, wenn ihr immer so glücklich leben wollt, als ihr jetzt lebt: Geht nie durch's Gitter in den großen Teich, der neben diesem kleinen ist und schwimmt nicht oben auf dem Wasser, wenn ich nicht bei euch bin."

Aber die Fischchen verstanden ihn nicht. Da dachte der gute Mann, ich will's ihnen verständlich machen und stellte sich an das Gitter. Wenn dann eins von ihnen kam und durchschwimmen wollte, so plätscherte er mit dem Stöckchen im Wasser, daß das Fischchen davor erschrak und zurückschwamm. Eben das that er auch, wenn eins von ihnen oben auf's Wasser kam, damit es wieder hinunter auf den Grund ginge.

Nun, dachte er, werden sie's wohl verstanden haben, und ging nach Hause. Da kamen die drei niedlichen Goldfischchen zusammen und schüttelten die Köpfchen und konnten nicht begreifen, warum der gute Mann nicht haben wollte, daß sie oben auf dem Wasser und durch's Gitter in den großen Teich schwimmen sollten. „Geht der doch selbst da oben," sagte das eine; „warum sollen wir nicht auch ein Bischen höher kommen dürfen?" „Und warum sollen wir eingesperrt sein?" sagte das zweite; „was kann es uns schaden, wenn wir zuweilen in den großen Teich schwimmen?" „Es ist gewiß ein harter Mann," sagte das erste wieder, „der uns nicht lieb hat und nicht gern will, daß wir uns freuen sollen." „Ich werde mich nicht an ihn kehren," setzte das zweite hinzu; „ich will sogleich eine kleine Lustreise in den großen Teich machen." „Und ich," rief das erste wieder, „will unterdeß ein wenig oben auf dem Wasser in der Sonne spielen.

Das dritte Goldfischchen allein war klug genug zu denken: „Der gute Mann muß doch wohl eine Ursache haben, warum er das verboten hat. Daß er uns liebt und uns gern eine Freude gönnt, ist gewiß. Warum käme er sonst so oft und gäbe uns Semmelkrümchen und freute sich so, wenn wir sie aufessen? Nein, er ist gewiß nicht hart und ich will thun, was er haben will, ungeachtet ich nicht weiß, warum er's so haben will."

Das gute Fischchen blieb also auf dem Grunde, die anderen aber thaten, was sie gesagt hatten. Das eine schwamm durch's Gitter in den großen Teich, und das andere spielte oben auf dem Wasser im Sonnenscheine und beide lachten ihren Bruder aus, daß er's nicht eben so gut haben wollte. Aber was geschah? Das eine war kaum in den großen Teich gekommen, so sprang ein Hecht auf dasselbe zu und verschlang es. Das andere, das sich auf der Oberfläche des Wassers belustigte, bemerkte ein Raubvogel, schoß auf dasselbe herab, fing es und fraß es auf. Nur das kluge und dritte Goldfischchen blieb allein übrig.

Der gute Mann freute sich über seine Folgsamkeit und brachte ihm alle Tage das beste Futter. So lebte es immer recht vergnügt und erreichte ein hohes Alter.

Campe.

50. Der Aal.

„Der Aal ist mir der liebste Fisch;
Käm' heute einer doch zu Tisch!"
So sprach ein Bischof an dem Rhein;
Es hört's der Aal, stellt gleich sich ein
Und wind't und krümmet sich gar sehr
Ob der ihm angethanen Ehr',
Im Herzen denkend: sicherlich
Mit Schot' und Erbs' traktirt man mich.
Empfangen ward er feierlich;
Wie ging's ihm bei der Tafel? sprich!
Statt daß der Aal die Schoten fraß,
Der Bischof selbst dazu ihn aß.—
Wenn Große loben dich und laden,
So sprich: ich danke euer Gnaden.

Mises.

51. Wer ist mein Nächster?

Ein Kesselflicker in der Gegend von Halberstadt ging einst bei strenger Kälte mit seinem Geräthe über Feld und fand an der Landstraße einen Juden ganz erfroren. Neben ihm stand ein Körbchen mit Tüchern und Bändern, womit er gehandelt hatte. Ein liebloser, unredlicher Mensch hätte vielleicht die Waaren mit sich genommen und den Juden liegen lassen; aber dem ehrlichen Kesselflicker blutete das Herz bei diesem Anblicke. „Vielleicht," dachte er,

„lebt der arme Mann noch und kann sich wieder erholen; er ist ein Mensch, ist mein Nächster, und ich muß ihm helfen."—So dachte er, verscharrte sogleich seine und des Juden Sachen in den Schnee, nahm ihn auf den Rücken, trug ihn in das nächste Dorf und sorgte nun dafür, daß alle Mittel angewendet wurden, ihn wieder zum Leben zu bringen. Nichts glich seiner Freude, als er endlich sah, daß der Jude die Augen wieder aufschlug und in's Leben zurückkam. „Gott Lob," rief er aus, „so war doch meine Hülfe nicht vergebens!" —Hierauf gab er dem Wirthe etwas Geld zur Verpflegung des Kranken, lief dann wieder auf das Feld und brachte seine und des Juden Sachen aus dem Schnee herbei. Als er zurückkam, fiel ihm der Jude voll dankbarer Rührung um den Hals, dankte ihm herzlich für seine Errettung und bot ihm seinen ganzen Korb mit den Waaren zum Geschenke an; aber der Kesselflicker nahm gar nichts. Vergebens drang der Jude mit weinenden Augen in ihn, doch nur eine kleine Erkenntlichkeit anzunehmen; sein Retter ließ ihn gar nicht zu Worte kommen, sondern packte sein Geräth zusammen, drückte ihm mit deutscher Redlichkeit die Hand und sagte: „Was ich gethan habe, war meine Pflicht; das ist jeder Mensch dem andern schuldig. Gott helfe uns Beiden weiter!"—Und damit zog er seine Straße. Gehe hin und thue desgleichen!

Simon.

52. Der Retter.

Hoch braust das Meer, wild stürmt der Wind,
Um Hülfe rufen Mutter und Kind.
Wer wagt sich hinaus auf Leben und Tod,
Zu retten die Armen aus Todesnoth?

Es weilet die Mannschaft in sicherm Port;
Ein Boot trug vom berstenden Schiffe sie fort;
Die Grausamen ließen die Mutter da steh'n;
Das Boot ist gefüllt, es rührt sie kein Fleh'n.

Hoch braust das Meer, wild stürmt der Wind;
Um Hülfe rufen Mutter und Kind.
Wer wagt sich hinaus auf Leben und Tod,
Zu retten die Armen in Todesnoth?

Ein Jüngling stürzt in die tobende Fluth;
Er schwimmt zu dem Schiffe mit Heldenmuth:

Wirf, Mutter, mir dein Kind herab,
Ich rette es dir aus dem Wellengrab!

Hoch braust das Meer, wild stürmt der Wind,
Gerettet steht am Ufer das Kind.
Wer wagt sich hinaus, auf Leben und Tod,
Der Mutter zu helfen in Todesnoth?

Und abermals schwimmet der Jüngling hinaus,
Durch Sturmes= und durch Wogengebraus;
Es berstet das Schiff, doch mit sicherer Hand
Trägt er durch die Wogen die Mutter an's Land.

Hoch braust das Meer, wild stürmt der Wind;
Es suchen den Retter Mutter und Kind;
Doch verschwunden ist, der auf Leben und Tod,
Zwei Menschen geholfen in Todesnoth.

53. Der alte Hofhund.

Ein Bauer hatte einen treuen Hund, welcher Sultan hieß, der war alt geworden, so daß er Nichts mehr recht packen konnte. Da sprach der Bauer einmal zu seiner Frau: „Den alten Sultan schieß ich morgen todt, denn er kann uns Nichts mehr nützen." Der Frau that der Hund leid und sie antwortete: „Er hat uns so lange Jahre gedient, wir wollen ihm doch das Gnadenbrod geben." „Ei was," sprach der Mann, „er hat keinen Zahn mehr im Maule, und kein Dieb fürchtet sich vor ihm; hat er uns gedient, so hat er sein gutes Futter dafür bekommen; jetzt taugt er Nichts mehr und da kann er abgehen."

Der Hund, der nicht weit davon lag, hatte Alles mit angehört, erschrak und war traurig, daß morgen sein letzter Tag sein sollte. Er hatte aber einen guten Freund, den Wolf; zu dem ging er Abends hinaus in den Wald und erzählte, was für ein Schicksal ihm bevorstehe. „Mach dir keine Sorgen," sprach der Wolf, „ich weiß einen guten Rath. Morgen ganz früh geht dein Herr mit seiner Frau in's Heu und sie nehmen ihr kleines Kind mit. Das legen sie bei der Arbeit hinter die Hecke in den Schatten, da leg dich daneben, gleich als wolltest du es bewachen. Dann will ich aus dem Walde kommen und das Kind rauben; du mußt mir nach= springen aus allen Kräften, als wolltest du mir's wieder abjagen. Ich laß es fallen und du bringst es wieder, dann glauben sie, du hätteſt es gerettet und ſind viel zu dankbar, dir Etwas zu thun; im Gegentheil, du kommſt in völlige Gnade und es wird dir an Nichts fehlen."

Der Anſchlag gefiel dem Hunde und wie er ausgedacht war, ſo wurde er auch ausgeführt. Der Bauer ſchrie, als er den Wolf mit ſeinem Kinde durch's Feld laufen ſah; als es aber der alte Sultan wieder zurückbrachte, war er froh, ſtreichelte ihn und ſprach: "Dir ſoll nichts Böſes widerfahren, du ſollſt das Gnadenbrod haben, ſo lange du lebſt!" Dann ſagte er zu ſeiner Frau: "Geh' gleich heim und koch' dem alten Sultan einen Mehlbrei, den braucht er nicht zu beißen, und mein Kopfkiſſen ſchenke ich ihm auch zu ſeinem Lager." Von nun hatte es der alte Sultan ſo gut, wie er ſich's nur wünſchen konnte.—Der Wolf beſuchte ihn und freute ſich, daß Alles ſo wohl gelungen war. "Hör', Landsmann," ſprach er, "du wirſt doch nun ein Auge zudrücken, wenn ich deinem Herrn ein fettes Schaf wegholen kann! Es wird einem heutzutage ſchwer, ſich durchzuſchlagen." "Nein," antwortete der Hund, "meinem Herrn bin ich treu, das kann ich nicht zugeben." Der Wolf indeſſen meinte, das wäre kein Ernſt und kam in der Nacht, den guten Biſſen abzuholen, aber der treue Sultan hatte dem Herrn Alles angezeigt, ſo daß dieſer in der Scheuer aufpaßte und dem Wolfe die Haare wacker kämmte.

Gebr. Grimm.

54. Der edelmüthige Fleiſcher.

Begleitet von zwei treuen Hunden
Ging Schnell, ein Fleiſcher, über Land;
Schon waren ihm nach wenig Stunden
Die Thürme ſeiner Stadt verſchwunden,
Als in dem Wald, durch den ſein Weg ſich wand,
Ein Mann mit Knotenſtock, im Blicke
Mehr tiefen Gram, als Herzenſtücke,
Beſcheiden flehend vor ihm ſtand:
"Freund, nur ein Kleines einem Armen!
Gott näher bringt dich das Erbarmen."
Schnell wendet ſich und zieht hervor
Ein Silberſtück, als über's Ohr
Der Unhold ihn mit einem Schlag
Zu Boden ſchlägt. Der Fleiſcher lag
Betäubt und auf dem Punkt, beraubt zu ſein.

Die Hunde stürzen d'rauf gleich auf den Mörder ein,
Zerfleischen schrecklich ihn und zerren
Ihn endlich bis zum nahen Sumpf;
Dann fliegen sie zurück zu ihrem Herren,
Der noch an allen Sinnen stumpf
Am Boden lag; beriechen und belecken,
Um ihn in's Leben zu erwecken,
Ihm freundlich Händ' und Angesicht.
Schnell wachet auf, sieht seinen Mörder nicht,
Doch findet er sein Geld und seine Hunde;
Fühlt keine Beule, keine Wunde,
Und wandert seines Weges fort.
Urplötzlich dringt aus einem nahen Ort
Ein kläglich Wimmern ihm zu Ohren.
Er geht dem Laute nach und sieht
Den Räuber blutend und verloren,
Wenn Niemand rettet. Hochentglüht
Von Menschlichkeit und Tugend, bringet
Er seinen Mörder an das Land; er ringet
Ihm Haar und Kleider aus und jagt
Die Hunde fort; worauf er endlich fragt:
„Was that ich Dir, daß Du mich schlugest,
Und freundlich nicht ein klein' Geschenk von mir
Zurück in Deine Hütte trugest?"—
„Ich könnte," sprach der edle Fleischer hier,
„Ich könnte jetzt auf Tod und Leben
Dich den Gerichten übergeben;
Doch, armer Mann, Verzeihung Dir!
Nimm diesen blanken Thaler hier,
Und ruhig eil' dann fort von mir;
Kein Mensch soll wissen, was sich hier begeben."

Engelschall

55. Zeus und das Schaf.

Das Schaf mußte von allen Thieren viel leiden. Da trat es vor Zeus und bat, sein Elend zu mildern. Zeus schien willig und sprach zu dem Schafe: „Ich sehe wohl, mein frommes Geschöpf, ich habe dich zu wehrlos erschaffen. Nun wähle, wie ich diesem Fehler am besten abhelfen soll. Soll ich deinen Mund mit schrecklichen Zähnen und deine Füße mit Krallen rüsten?" „O nein!"

sagte das Schaf, „ich will nichts mit den reißenden Thieren gemein haben." „Oder," fuhr Zeus fort, „soll ich Gift in deinen Speichel legen?" „Ach," versetzte das Schaf, „die giftigen Schlangen werden ja so sehr gehaßt!" „Nun, was soll ich denn? Ich will Hörner auf deine Stirne pflanzen und Stärke deinem Nacken geben." „Auch nicht, gütiger Vater; ich könnte leicht so stößig werden wie der Bock." „Und gleichwohl," sprach Zeus, „mußt du selber schaden können, wenn sich Andere, dir zu schaden fürchten sollen." „Müßt ich das," seufzte das Schaf, „o, so laß' mich, gütiger Vater, wie ich bin; denn das Vermögen, schaden zu können, erweckt, fürchte ich, die Lust, schaden zu wollen; und es ist besser, Unrecht leiden, als Unrecht thun." Zeus segnete das fromme Schaf und es vergaß von Stund' an zu klagen.

Lessing.

56. Der Hecht.

Ein Klausner, der am Tiberstrand
Einst fischte, zog in seinem Netze
Den größten Hecht erfreut an's Land.
„Verweg'ner!" rief der Fisch, „verletze
Nicht meine heilige Person!
Dein Vorfahr hat mich stets geschonet,
Ja gar, wenn er mich fing, mit gutem Fraß belohnet;
Ich trüge, sagt' er mir, die ganze Passion:
Den Kelch, den Schwamm, das Kreuz, die Lanze,
Die Nägel, sammt dem Dornenkranze
In meinem Kopf."—„Ei! Ei! du frommes Thier!"
Versetzt der Greis; „doch darf ich fragen:
Was trägst du denn in deinem Magen?
Der strotzet über die Gebühr."—
„Ach nichts, ein Frühstück nur, ein Nest voll junger Aale."—
„Das dacht' ich wohl. Du Kannibale
Trägst die Religion im Kopf
Und in dem Busen das Verderben.
Fort, fort mit dir in meinen Topf,
Damit durch dich nicht tausend sterben!"

57. Die Schafe und die Dornbüsche.

An einem schönen Abende saß Herr Engel mit Rudolf an einem grünen Hügel. Seine Brüder und Schwestern waren mit

der Mutter in die Stadt zum Jahrmarkt gefahren, und Rudolf
war allein bei dem Vater zu Hause geblieben. Die Sonne ging
prächtig unter. Rudolf konnte sich nicht satt sehen. „Nicht wahr,
Rudolf," sprach der Vater, „es reuet Dich nicht, daß Du bei mir ge=
blieben bist? Etwas so Schönes werden Deine Brüder und Schwe=
stern in der Stadt nicht sehen."

„O, gewiß nicht," antwortete Rudolf, „und wenn die Mutter
sie auch zu dem Guckkasten führt, den ich am letzten Jahrmarkte ge=
sehen habe. Die schönen Häuser und Soldaten und Pferde, die
wir darin sahen, das ist Alles nicht so schön, wie dies hier." Als
Rudolf so sprach, da trieb der Schäfer seine Heerde vorbei. Er
sang ein fröhliches Lied. Die Schafe blöckten und die jungen Läm=
mer hüpften munter neben den alten.

Der Vater ging mit Rudolf den Hügel hinab. Sie folgten
der Heerde. An dem Wege standen viele Dornbüsche und jedes
Schaf ließ etwas von seiner Wolle an den Dornen hängen. Rudolf
sah es. „Vater," sagte er, „warum müssen denn die häßlichen
Büsche hier stehen? Wenn die Schafe noch oft hier vorbeikommen,
so werden sie bald alle ihre Wolle verlieren. Laß uns die Büsche
umhauen, Vater!"

„Wir wollen das überlegen," sagte der Vater. „Morgen ganz
früh gehen wir wieder hierher, dann wollen wir die Sache unter=
suchen." „O schön," sagte Rudolf. „Du nimmst Deinen Hirsch=
fänger mit und wir alle nehmen große Messer, nicht wahr? Da
sollen die Dornbüsche bald weg sein."

Nun ging der Vater mit dem kleinen Rudolf nach Hause. Die
Mutter war mit den andern Kindern schon wieder da. Das war
eine Freude! Jedes Kind bekam etwas vom Jahrmarkte und
Jeder brachte noch ein Stück Kuchen für Rudolf mit. Nun ging
es an's Erzählen. Die Kinder konnten nicht müde werden von den
schönen Dingen zu reden, die sie in der Stadt gesehen hatten. End=
lich fing auch Rudolf an zu erzählen. Er sprach von dem Unter=
gange der Sonne, von den Schafen und den Dornbüschen, die am
nächsten Morgen abgehauen werden sollten.

Das war eine frohe Nachricht für die drei anderen Knaben.
Alle waren des Morgens früher aus dem Bette, als der Vater.
Die Kinder weckten ihn. Der Vater kleidete sich geschwind an und
nun ging es fort. Rudolf sprang voran und zeigte den Weg zu
den Dornbüschen. Als sie hinkamen, waren alle Büsche lebendig
von kleinen Vögeln. „Still Kinder!" sagte der Vater, „laßt uns
ein wenig warten, sonst möchten wir die armen Vögelchen stören."

Der Vater setzte sich mit den Kindern an den Hügel, wo er gestern Abend mit Rudolf gesessen hatte. Alle hatten ihre Augen auf die Büsche gerichtet. Sie sahen, daß die munteren Vögel im Schnabel die Wolle wegtrugen, die gestern an den Dornen hängen geblieben war.

„Ei, was machen denn die Vögel mit der Wolle?" fragte Rudolf. „Rudolf glaubte gestern, die Wolle an den Dornbüschen wäre zu nichts nützlich," sagte der Vater; „jetzt sehen wir, wem sie Nutzen bringt. Die Vögel brauchen diese Wolle, um ihre Nester damit auszufüttern, sonst würden die jungen Vögelchen nicht weich liegen. Nun, Rudolf, bist Du noch böse auf die Büsche? Sollen wir sie nun umhauen?"

„Nein, Vater, nein!" sagte Rudolf; „sie sollen immer wachsen. Das hätte ich nicht gedacht, daß diese Wolle einen so guten Nutzen hätte!"

Campe.

58. Der Reisende.

Ein Wand'rer bat den Gott der Götter,
Den Zeus, bei ungestümem Wetter:
Um stille Luft und Sonnenschein.
Umsonst! Zeus läßt sich nicht bewegen;
Der Himmel stürmt mit Wind und Regen;
Denn stürmisch sollt' es heute sein.

Der Wand'rer setzt mit bitt'rer Klage,
Daß Zeus mit Fleiß die Menschen plage,
Die saure Reise mühsam fort.
So oft ein neuer Sturmwind wüthet,
Und schnell ihm still zu steh'n gebietet,
So oft ertönt ein Lästerwort.

Ein naher Wald soll ihn beschirmen;
Er eilt, dem Regen und den Stürmen
In diesem Holze zu entgeh'n;
Doch eh' der Wald ihn aufgenommen,
So sicht er einen Räuber kommen,
Und bleibt vor Furcht im Regen steh'n.

Der Räuber greift nach seinem Bogen,
Den schon die Nässe schlaff gezogen;

Er zielt und faßt den Pilger wohl;
Doch Wind und Regen sind zuwider,
Der Pfeil fällt matt vor dem danieder,
Dem er das Herz durchbohren soll.

„O Thor!" läßt Zeus sich hierauf hören,
„Wird dich der nahe Pfeil nun lehren,
Ob ich dem Sturm zu viel erlaubt?
Hätt' ich dir Sonnenschein gegeben,
So hätte dir der Pfeil das Leben,
Das jetzt der Sturm erhielt, geraubt."

Gellert.

59. Gebueckt! Gebueckt! oder mit dem Hute in der Hand kommt man durch das ganze Land.

Als der berühmte Benjamin Franklin noch ein Jüngling von achtzehn Jahren war, besuchte er einst den Prediger Mather in Boston. Dieser nahm ihn sehr liebreich auf und führte ihn beim Weggehen einen kürzeren Weg aus seinem Hause. Die Nebenthür aber war so niedrig, dass ein erwachsener Mensch sich bücken musste, um nicht an den Querbalken zu stossen. Franklin sprach während des Fortgehens mit seinem leutseligen Führer und sah daher nicht aufmerksam vor sich hin.—"Gebückt! Gebückt!" rief auf einmal der Prediger, aber in dem Augenblicke fühlte schon Franklin den Balken an der Stirne. "Merk' Er sich den kleinen Unfall!" sagte der Prediger. "Er ist jung und hat die Welt vor sich. Bück' Er sich auf dem Wege und Er wird sich manchen harten Puff ersparen."

Diese Lehre machte bei dem jungen Franklin einen so tiefen Eindruck, dass er sich ihrer in einem Alter von neunundsiebzig Jahren noch erinnerte und die Geschichte einem Sohne des erwähnten Predigers erzählte, indem er hinzusetzte: "Dieser gute Rath Ihres seligen Vaters, so in Kopf und Herz eingeprägt, ist mir ungemein nützlich gewesen, und noch jetzt fällt er mir gewöhnlich ein, wenn ich sehe, wie der Hochmuth so oft gedemüthigt wird und wie so Mancher sich unglücklich macht, weil er die Nase zu hoch trägt."

SCHLEZ.

60. Freundschaft.

Der Freund, der mir den Spiegel zeiget,
Den kleinsten Flecken nicht verschweiget,
Mich freundlich warnt, mich ernstlich schilt,
Wenn ich nicht meine Pflicht erfüllt:
Der ist mein Freund,
So wenig er es scheint.

Doch der, der mich stets schmeichelnd preiset,
Mir Alles lobt und Nichts verweiset,
Zu Fehlern mir die Hände beut
Und mir vergiebt, eh' ich bereut:
Der ist mein Feind,
So freundlich er auch scheint.

WEISSE.

61. Die Bürde.

Einen steilen Landweg hinauf trug keuchend ein armer, alter Mann ein schweres Gepäck. „Gott, ach Gott!" seufzte er, „ist denn weit und breit keine mitleidige Seele, die mir meine Last tragen hilft!" „Hier ist sie!" rief hinter seinem Rücken eine ihm unbekannte freundliche Stimme. Betroffen sah der Alte sich um und erblickte einen schönen blondlockigen Jüngling, dessen freundliches Aussehen ihm sogleich Vertrauen einflößte. „O, freundlicher junger Mann," sagte der Alte, „Du kommst mir wie ein Engel Gottes vom Himmel. Meinen armen Enkelchen, die ich ernähren muß, weil Vater und Mutter todt sind, ein Stückchen Brod zu verdienen, habe ich dieses Gepäck in die nächste Stadt zu tragen übernommen, das, wie ich zu spät merke, meine Kräfte übersteigt. Dürfte ich Dich bitten, einen Theil davon auf Deine jungen, kräftigen Schultern zu nehmen?"

„Vor Allem laß uns ausruhen," lieber Alter," versetzte der Jüngling, „und dann noch einmal versuchen, was Deine eigenen Schultern vermögen." Und hiermit hob er die Bürde von dem Rücken des Alten, ließ sich mit ihm in dem Schatten einer bejahrten Eiche nieder und zog ein Stück nahrhaftes Brod, nebst einer Flasche stärkenden Getränks hervor. „Iß nun und trink', Väterchen!" sprach er und reichte ihm Beides hin. Mit zitternder Begierde griff der Alte danach und verzehrte es mit Heißhunger, wäh-

renb der Jüngling sich mit ihm in freundlichen Gesprächen unter=
hielt.

„Auf nun, daß wir die Stadt erreichen, ehe die Sonne sich
neigt!“ sprach endlich der Jüngling und erhob sich zuerst von dem
moosigen Sitze. Wehmüthig blickte der Greis auf seine Bürde und
bittend in die blauen Augen seines Begleiters. Er glaubte, in die=
sen die Gewährung seines Wunsches zu lesen, als dieser auch wirk=
lich nach der Last griff, aber leider nicht, um sie zu theilen, oder sie
selbst zu tragen, sondern um sie wieder auf die Schultern des Alten
zu legen. Erschrocken sah dies der Greis, aber zu seiner Verwun=
berung fand er sich von dem Genossenen so gestärkt, daß er die
Bürde kaum die Hälfte so schwer fand. Als nun Beide am Ende
des Waldes sich trennen wollten, sagte der Alte: „Du hast, edel=
müthiger Jüngling, mir besser geholfen, als ich gewünscht hatte;
Du solltest meine Last mir abnehmen und gabst mir statt dessen
Kraft, sie selber zu tragen! Aber nun sage mir auch, ehe wir schei=
den, wer bist Du, freundliche, liebe Seele?“ „Ein Nachahmer der
göttlichen Vorsehung,“ versetzte der Jüngling; „sie nimmt nicht
immer die Last von dem Menschen, aber sie reicht dem vertrauenden
Menschen das Brod der Stärkung und den Becher des Trostes und
hilft ihm so sammt seiner Bürde zum Ziele.“

Bei diesen Worten verklärte sich das Antlitz des Jünglings
und ohne seinen Namen zu nennen, entzog er sich durch einen langen
Buschweg den Augen des Alten.

Schlag.

62. Das Kartenhaus.

Ein Kind greift nach den bunten Karten;
Ein Haus zu bauen, fällt ihm ein.
Es baut und kann es kaum erwarten,
Bis dies, sein Haus, wird fertig sein.

Nun steht der Bau. O welche Freude!
Doch ach! ein ungefährer Stoss
Erschüttert plötzlich das Gebäude,
Und alle Wände reissen los.

Doch, wer wird gleich den Muth verlieren?
Das Kind entschliesst sich sehnsuchtsvoll,
Ein neues Lustschloss aufzuführen,
Das dies noch übertreffen soll.

Die Sehnsucht muss den Schmerz besiegen;
Das neue Haus steht herrlich da.
Noch grösser war des Kind's Vergnügen,
Als es sein bess'res Haus nun sah'!

Ermatte nie in deinen Pflichten;
Geduld und Muth kann viel verrichten!

GELLERT.

63. Leben und Tod.

Dorchen war ein liebevolles Mädchen. Alle, die sie kannten, liebten sie, vor allem ihr Bruder Edmund, ein kleiner Knabe, und sie war ihm nicht minder zugethan von Herzen. Plötzlich wurde Dorchen krank und Edmund war sehr bekümmert um ihrer Schmerzen willen. Denn es kam nicht in sein Herz, daß sie sterben könnte und er hatte niemals einen Todten gesehen und wußte noch nicht, was Tod und Leben sei.

Als nun Dorchen voll Schmerzen auf dem Bettchen lag, gedachte Edmund, was sie erfreuen möge und ging auf das Feld, Blumen zu suchen; denn er wußte, sie liebte die Blumen.

Aber während er hinausging, war Dorchen gestorben und man hatte ihr ein weißes Sterbekleid angelegt. Da trat Edmund in das Kämmerlein, wo sie lag. Und er zeigte von ferne die Blumen, aber das Mädchen sah sie nicht an. Da rief er: „Siehe, Dorchen, was ich Dir bringe!" aber sie hörte es nicht. Nun trat Edmund näher und sah das Mädchen an und sprach: „Sie schläft! Ich will ihr die Blumen auf die Brust legen, damit sie sich freue, wenn sie erwacht. Dann wird sie sagen: Das hat Edmund gethan!" Also that er auch leise und lächelte. Darauf ging er zur Mutter und sprach: „Ich habe Dorchen Blumen gepflückt, solche, die sie am meisten liebet vor allen. Aber sie schläft. Da hab' ich die Blumen auf ihre Brust gelegt, damit sie sich freut, wenn sie erwacht."

Die Mutter aber weinte und sprach: „Ja, sie schläft wohl, aber sie erwacht nicht wieder!"

Da sagte Edmund: „Wenn sie schläft, wie sollte sie denn nicht erwachen?"

So sprach der Knabe. Aber die Mutter konnte ihm nicht antworten. Sie verhüllte ihr Haupt und verbarg ihre Thränen.

Der Knabe aber verwunderte sich deß und sprach: „Mutter, was weinest Du?"—

Krummacher.

64. Die beiden Engel.

Der Schlummergott und Tod, zwei fromme Zwillingsbrüder,
Die Hand in Hand das Land durchziehn,
Erholten einstens sich im Schatten eines Flieders
Auf weichem Moos und Rosmarin.
Sie sahen um sich her von ihrem stillen Hügel
Und horchten einem Grabgesang.
Der Abendwind trug auf den leisen Flügeln
Des nahen Dörfleins Glockenklang;
Vor ihren Blicken lag ein Feld mit vollen Aehren;
Es dämmerte im Eichenwald;
Kein Vöglein ließ im dunkeln Hain sich hören:
Des Sterbeglöckleins Laut verhallt'.—

Da hob der Schlummergott sich auf und streute linde
Und lächelnd seine Körnlein aus;
Und lispelnd trugen sie die sanften Abendwinde
In jedes müden Landmanns Haus.
Der müde Schnitter sank in Schlummer,
Des Tages Müh' wiegt ihn in Ruh'·
Der Leidende vergaß den Kummer
Und Aller Augen sanken zu.—

D'rauf streckte sich mit wonnigem Gefühle
Der Schlummergott zu seinem Bruder hin.
„Bald fleucht die Nacht, dann sagt ein freudiges Gewühle,
Daß ich ein Freund der Menschen bin!"
So sprach der Schlummergott; ihn sah der Engel Tod
Mit stiller Wehmuth an und sprach:
„Ach, daß ich nicht wie du beglücken,
Wie du des Danks mich freuen kann!"
„Geduld, mein Bruder," sprach der Schlaf,
„Einst, beim Erwachen, erkennet auch in dir
Der Edle seinen Freund!"

65. Drei Freunde.

Ein Mann hatte drei Freunde. Zwei derselben liebte er sehr;
der dritte war ihm gleichgültig, ob dieser es gleich am redlichsten
mit ihm meinte. Einst ward er vor Gericht gefordert, wo er hart,

aber unschuldig verklagt war. „Wer unter Euch," sprach er, „will mit mir gehen und für mich zeugen? Denn ich bin hart verklagt worden und der König zürnet." Der erste seiner Freunde entschuldigte sich sogleich, daß er wegen anderer Geschäfte nicht mit ihm gehen könne. Der zweite begleitete ihn bis zur Thür des Rathhauses; da wandte er sich und ging zurück aus Furcht vor dem zornigen Richter. Der dritte, auf den er am wenigsten gebauet hatte, ging hinein, redete für ihn und zeugte von seiner Unschuld so freudig, daß der Richter ihn losließ und reichlich beschenkte.

Drei Freunde hat der Mensch in dieser Welt. Wie betragen sie sich in der Stunde des Todes, wenn ihn Gott vor Gericht fordert? Das Geld, sein bester Freund, verläßt ihn zuerst und geht nicht mit ihm. Seine Verwandten und Freunde begleiten ihn bis zur Thür des Grabes und kehren wieder in ihre Häuser zurück. Der dritte, den er im Leben oft am meisten vergaß, sind seine wohlthätigen Werke. Sie allein begleiten ihn bis zum Throne des Richters, sie gehen voran, sprechen für ihn und finden Barmherzigkeit und Gnade.

Herder.

66. Die Worte des Glaubens.

Drei Worte nenn' ich euch, inhaltschwer,
Sie gehen von Munde zu Munde;
Doch stammen sie nicht von außen her;
Das Herz nur giebt davon Kunde.
Dem Menschen ist aller Werth geraubt,
Wenn er nicht mehr an die drei Worte glaubt.

Der Mensch ist frei geschaffen, ist frei,
Und wär' er in Ketten geboren;
Laßt euch nicht irren des Pöbels Geschrei,
Nicht der Mißbrauch rasender Thoren!
Vor dem Sklaven, wenn er die Kette bricht,
Vor dem freien Menschen erzittert nicht!

Und die Tugend, sie ist kein leerer Schall,
Der Mensch kann sie üben im Leben,
Und sollt' er auch straucheln überall,
Er kann nach der göttlichen streben;
Und was kein Verstand der Verständigen sieht,
Das übet in Einfalt ein kindlich Gemüth.

Und ein Gott ist, ein heiliger Wille lebt,
Wie auch der menschliche wanke;
Hoch über der Zeit und dem Raume webt
Lebendig der höchste Gedanke;
Und ob Alles im ewigen Wechsel kreist,
Es beharret im Wechsel ein ruhiger Geist.

Die drei Worte bewahret euch, inhaltschwer,
Sie pflanzet von Munde zu Munde;
Und stammen sie gleich nicht von außen her,
Euer Inn'res giebt davon Kunde.
Dem Menschen ist nimmer sein Werth geraubt,
So lang' er noch an die drei Worte glaubt.

Schiller.

67. Kindesdank.

Ein Fürst traf auf einem Spazierritte einen fleißigen und frohen Landmann bei'm Ackergeschäfte an und ließ sich mit ihm in ein Gespräch ein. Nach einigen Fragen erfuhr er, daß der Acker nicht sein Eigenthum sei, sondern daß er als Tagelöhner täglich um 15 Kreuzer arbeite. Der Fürst, der für sein schweres Regierungsgeschäft freilich mehr Geld brauchte und zu verzehren hatte, konnte es in der Geschwindigkeit nicht ausrechnen, wie es möglich sei, täglich mit 15 Kreuzern auszureichen und noch so frohen Muthes dabei zu sein und verwunderte sich darüber. Aber der brave Mann im Zwillichrocke erwiederte ihm: „Es wäre nicht übel gefehlt, wenn ich so viel brauchte! Mir muß ein Drittheil davon genügen; mit einem Drittheile zahle ich meine Schulden ab und das übrige Drittheil lege ich auf Kapitalien an." Das war dem guten Fürsten ein neues Räthsel. Aber der fröhliche Landmann fuhr fort und sagte: „Ich theile meinen Verdienst mit meinen alten Aeltern, die nicht mehr arbeiten können und mit meinen Kindern, die es erst lernen müssen; jenen vergelte ich die Liebe, die sie mir in meiner Kindheit erwiesen haben und von diesen hoffe ich, daß sie mich einst in meinem müden Alter auch nicht verlassen werden."

War dies nicht artig gesagt und noch schöner und edler gedacht und gehandelt? Der Fürst belohnte die Rechtschaffenheit des wackern Mannes, sorgte für seine Söhne und der Segen, den ihm seine sterbenden Aeltern gaben, wurde ihm im Alter von seinen dankbaren Kindern durch Liebe und Unterstützung redlich entrichtet.— Ehre Vater und Mutter, auf daß es dir wohlgehe!

Hebel.

68. Das Testament.

„Sohn!" fing der Vater an, indem er sterben wollte,
„Wie ruhig schlief ich jetzt doch ein,
Wenn ich nach meinem Tod Dich glücklich wissen sollte!
Du bist es werth und wirst es sein.
Hier hast Du meinen letzten Willen!
Sobald Du mich in's Grab gebracht,
So brich ihn auf und such' ihn zu erfüllen;
Dann ist Dein Glück gewiß gemacht:
Versprich mir dies, so will ich freudig sterben."
Der Vater starb und kurz darauf
Brach auch der Sohn den letzten Willen auf
Und las: „Mein Sohn! Du wirst von mir sehr wenig erben,
Als etwa ein gut' Buch und meinen Lebenslauf,
Den setzt ich Dir zu Deiner Lehre auf.
Mein Wunsch war meine Pflicht.   Bei tausend Hindernissen
Befliß ich stets mich auf ein gut' Gewissen.
Verstrich ein Tag, so fing ich zu mir an:
Der Tag ist hin; hast du was Nützliches gethan?
Und bist du weiser als am Morgen?—
Dies, lieber Sohn, dies waren meine Sorgen.
So fand ich denn von Zeit zu Zeit
Zu meinem täglichen Geschäfte
Mehr Eifer und zugleich mehr Kräfte,
Und in der Pflicht stets mehr Zufriedenheit.
So lernt' ich mich mit Wenigem begnügen
Und steckte meinem Wunsch ein Ziel;
Hast du genug, dacht' ich, so hast du viel;
Und hast du nicht genug, so wird's die Vorsicht fügen,
Was folgt dir, wenn du heute stirbst?—
Die Würden, die dir Menschen gaben?
Der Reichthum?   Nein! das Glück, der Welt genützt zu haben.
D'rum sei vergnügt, wenn du dir dies'erwirbst
So dacht' ich, liebster Sohn, so sucht' ich auch zu leben.
Und dieses Glück kannst Du mit Gott Dir selber geben.
Vergiß es nicht: Das wahre Glück allein
Ist, ein rechtschaff'ner Mann zu sein."

Gellert.

69. Der unfruchtbare Baum.

Ein Landmann hatte einen Bruder in der Stadt, welcher ein Gärtner war und einen herrlichen Obstgarten voll der schönsten Bäume besaß, so daß man überall seine Kunst rühmte und seine köstlichen Bäume. Da ging der Landmann auch zu ihm hin in die Stadt und verwunderte sich der Bäume, die in schönen Reihen standen und schlank und glatt in die Höhe wuchsen wie die Wachskerzen.

Da sprach der Gärtner zu ihm: „Sieh, mein Bruder, ich will Dir einen Baum geben, den besten in meiner Pflanzschule, daran sollst Du und Deine Kinder und Kindeskinder Freude erleben!"

Darauf rief der Gärtner seine Gesellen und zeigte ihnen den Baum, daß sie ihn ausgrüben. Der Landmann aber freuete sich sehr und ließ ihn hinaustragen auf seinen Acker.

Des andern Morgens war ein großer Zwiespalt in seinem Herzen, wohin er den Baum pflanzen sollte; denn er dachte: pflanze ich ihn dort auf die Höhe, so möchte der Wind ihn fassen und die köstliche Frucht herabschütteln, ehe sie reif ist; und pflanz' ich ihn hier nicht fern vom Wege, so sehen ihn die Vorbeigehenden und die lachenden Aepfel reizen sie, mich zu berauben; setze ich ihn aber zu nahe an die Thüre meines Hauses, so ist er nicht gesichert gegen meine eigenen Kinder und das Gesinde des Hauses.

So überlegte er und pflanzte nun den Baum hinter die Scheune an die Nordseite und sprach zu sich selber: „Hier wird die spähende Raubgier ihn schwerlich vermuthen!" und freuete sich heimlich seiner Klugheit.

Aber siehe! der Baum brachte keine Frucht das zweite und auch nicht das dritte Jahr.—Da rief er seinen Bruder, den Gärtner, zu sich hinaus und haderte mit ihm und sprach: „Du hast mich getäuscht und mir einen elenden, unfruchtbaren Knorren gegeben statt eines fruchtbaren Baumes! Denn siehe, es ist schon das dritte Jahr und dennoch bringet er nichts als Blätter."

Da lachte der Gärtner, als er den Baum sah und antwortete: „Das nimmt mich kein Wunder! Du hast den Baum dahin gesetzt, wo er nur den kalten Wind und weder Licht noch Wärme hat. Wie soll er denn Blüthe und Frucht bringen können! Seine Natur ist edel und bleibt es. Aber Du hast ihn mit bösem und argwöhnischem Herzen gepflanzt. Wie solltest Du Edles und Erfreuliches ernten können?"

Krummacher.

70. Die Affen und die Bären.

Die Affen baten einst die Bären,
Sie möchten gnädigst sich bemüh'n
Und ihnen doch die Kunst erklären,
In der sie noch so unerfahren wären,
Die Jungen stark und groß zu zieh'n.
„Vielleicht," hob von den Affenmüttern
Die weiseste bedächtig an,
„Vielleicht, ich sag' es voller Zittern,
Wächst uns're Jugend blos darum so schwach heran,
Weil wir sie gar zu wenig füttern.
Vielleicht ist auch der Mangel an Geduld,
Sie sanft zu wiegen und zu tragen,
Vielleicht, auch uns're Milch an ihren Fiebern Schuld.
Vielleicht schwächt auch das Obst den Magen,
Vielleicht ist selbst die Luft, die uns're Kinder trifft,
Ein Gift in ihren ersten Tagen
Und dann auf ihre Lebenszeit ein Gift.
Vielleicht ist, ohne daß wir's denken,
Selbst die Bewegung ihre Pest.
Sie können sich durch Springen und durch Schwenken
Oft etwas in der Brust verrenken,
Wie sich's sehr leicht begreifen läßt,
Denn uns're Nerven sind nicht fest."
Hier fängt sie zärtlich an zu weinen;
Nimmt eins von ihren lieben Kleinen,
Das sie so lang und zärtlich an sich drückt,
Bis ihr geliebtes Kind erstickt.—
„Du," sprach die Bärin, „kannst noch fragen,
Warum ihr so gestraft mit kranken Kindern seid?
Es liegt nicht an der Luft und Milch, an Obst und Magen;
Ihr tödtet sie durch eure Weichlichkeit,
Durch eure Liebe vor der Zeit.
Gebt Acht auf uns're jungen Haufen;
Wir nehmen sie, sobald sie laufen,
Mit uns in Hitz' und Frost durch Fluren und durch Wald:
So werden sie gesund und alt."

Gellert.

71. Das Raupennest.

Karl sah in einer Gartenecke einen Nesselbusch, der ganz mit Raupen bedeckt war. Es waren lauter häßliche, schwarze Thiere mit stachlichtem Rücken und grünen Streifen zwischen den Stacheln. „Soll ich die Raupen todt treten?" fragte Karl seinen Vater. „Nein," sagte der Vater; „denn wie Du siehst, nähren sie sich von den Nesseln, sind also nicht schädlich. Wenn sie aber auf einem Kirschbaume säßen, dann dürftest Du sie als schädliche Thiere todt treten. Nimm sie mit nach Hause und füttere sie." Freudig trug der Knabe die Raupen nach Hause, steckte sie mit den Nesseln in ein großes Glas und band ein Papier darüber. In das Papier stach er kleine Löcher, damit die Raupen nicht erstickten und freute sich nun, wie die Raupen ein Blatt nach dem andern auffraßen. Am andern Tage nach dem Frühstücke fragte der Vater: „Hast Du denn Deinen Raupen auch Frühstück gegeben?" „O," sagte Karl, „die Raupen haben noch das ganze Glas voll Nesseln!" „Aber sieh' sie an," sagte der Vater, „ob sie nicht ganz vertrocknet sind. Dürre Nesseln können die armen Thierchen doch nicht fressen. Du hast die Gäste einmal angenommen, nun ist es Deine Pflicht, sie zu ernähren; denn sie selber können es doch nicht mehr." Da vergaß Karl seine Pfleglinge nicht mehr.

Am sechsten Tage wollte er ihnen wieder Futter geben, aber, o Wunder! als er das Papier wegnehmen wollte, hatten sich alle Raupen daran gehängt. Theils am Papiere, theils am Glase saßen sie mit den Hinterfüßen so fest, als wenn sie angeleimt wären. Besorglich fragte Karl seinen Vater: „Ach, was fehlt doch meinen Räupchen, lieber Vater? Ich habe sie doch alle Tage ordentlich gefüttert und nun werden sie mir doch wohl sterben!" „Sei ruhig," antwortete der Vater, „sie werden nicht sterben, sondern Dir noch viele Freude machen. Laß sie nur ungestört hängen." Das that Karl und machte ganz behutsam das Glas wieder zu. Kaum war er am folgenden Morgen aus dem Bette, so lief er zu dem Glase, und sieh', da gab es schon wieder etwas Neues. Die Raupen waren verschwunden und nun hingen lauter länglichrunde Püppchen da, mit einer kleinen Krone auf dem Kopfe. Sie lebten und bewegten sich hin her. Karl machte große Augen, schlug die Hände zusammen und wußte nicht, was er dazu sagen sollte. Endlich rief er: „Vater! Vater! komm' geschwind her und sieh', was aus meinen Raupen geworden ist!" „Habe ich es Dir nicht gesagt," antwortete der Vater, „daß Dir die Raupen noch viele Freude machen

würden? Betrachte sie nur recht genau; sie haben ihre Häute ab=
gestreift, die Du hier hängen siehst und haben sich verwandelt in
Dinge, die man Puppen nennt. Laß sie nur ruhig hängen und
sieh' alle Tage nach dem Glase. Vielleicht erblickst Du bald ein=
mal wieder Etwas, was Dir große Freude macht."

Es traf richtig ein, nur währte es dem ungeduldigen Knaben
zu lange. Schon waren einige Wochen vergangen, als Karl ein=
mal wieder nach seinem Glase sah. Und was erblickte er? Da
war Alles voll schöner, bunter Schmetterlinge in dem Glase. „Ach
sieh' doch, liebster Vater," rief er, „was in meinem Glase ist!"
Lächelnd kam der Vater und als sie nun Beide genauer zusahen, er=
blickten sie ein neues Wunder. Ein Schmetterling, der in einer
Puppe stak, drückte mit seinen zarten Füßchen die Puppe von ein=
ander und kroch heraus. Seine Flügel waren ganz klein und zu=
sammengerollt. Er lief geschwind am Glase hinauf und hängte sich
an das Papier. Seine Flügel wuchsen fast zusehens und nach einer
Viertelstunde hingen sie vollständig da.—So ging es nun den gan=
zen Vormittag. Immer ein Schmetterling nach dem andern kroch
aus seiner Puppe heraus. Nach Tische waren sie alle ausgekrochen.
—„Nun kannst Du Dir noch eine Freude machen," sagte der Vater.
„Nimm das Glas, trage es in den Garten, mache es auf und gieb
den Schmetterlingen die Freiheit." Karl that es und freute sich
unbeschreiblich, als er sah, wie die Schmetterlinge herausflatterten
und von einer Blume zur andern flogen. Wenn er hernach im
Garten umherging und einen braunen Schmetterling mit schwarzen
Flecken und einer blauen Kante sah, freute er sich allemal. „Du
bist gewiß auch aus meinem Glase!" dachte er.

72. Der Affe und die Uhr.

Ein Affe fand einst eine Taschenuhr,
Die band er sich mit einer Schnur
Fest um den Leib. Kaum war's geschehen,
Sah er darnach und sagte d'rauf:
„Die Uhr scheint zu geschwind zu gehen!"
Gleich zog er sie von Neuem auf,
Er öffnete das Glas und stellte sie zurück;
Doch in dem nächsten Augenblick
Sieht er sie wieder an. „Ei," spricht das kluge Thier,
„Zu langsam geht sie nun sogar! Wie helf' ich ihr?"
Er rückt am kleinen Zifferblättchen,

Hält sie dann altklug an das Ohr.
„Sie geht nicht gut!" Er nimmt sie wieder vor
Und künstelt oben an dem Kettchen,
Stößt in die Räderchen. Hans Affe rückt und dreht,
Bis daß die Uhr am Ende stille steht.—
    Es ging ihm, wie es Jedem geht,
    Der Etwas meistern will, wovon er nichts versteht.

Lichtwer.

73. Der Wolf und das Schaf.

Wolf. O weh, o weh mir armen Wolfe! da lieg' ich nun zerbissen und blutig und kann mich nicht rühren. Drei Hunde über einen Wolf! das ist zu viel.—Hätten sie mich doch lieber ganz umgebracht! dann wär' ich todt und brauchte mich nicht so zu quälen; nun aber muß ich vor Hunger und Durst umkommen, da ich mich nicht vom Flecke rühren kann.

Schaf. Wer wimmert und wehklagt denn hier so jämmerlich? Dem muß ein großes Unglück widerfahren sein.

Wolf. Ich, ich bin der Unglückliche, ich, der Wolf, dein alter Freund, der dir niemals etwas zu Leide gethan hat, noch thun wird.

Schaf. Das Erste ist wahr, denn der Hirt und die Hunde haben mich gegen dich Räuber geschützt und das Andere wird wahr werden, wenn du mir auch künftig nichts thun kannst; auf deinen guten Willen aber haben wir Schafe niemals zu rechnen.

Wolf. Glaube mir, liebes Schaf, daß ich für dich immer eine besondere Freundschaft gehegt habe und noch hege und daß ich sie dir gern beweisen möchte, wenn ich mich nur erholen könnte; aber ich komme vor Durst und Schwäche um. Sieh nur, wie die Hunde mich zugerichtet haben! Erbarme dich meiner und rette mich vom Tode! Geh', ich bitte dich, geh' an den nahen Bach, und hole mir einen Trunk frisches Wasser. Erhole ich mich, so will ich dir auch stets meine Dankbarkeit beweisen.

Schaf. Nach deiner Dankbarkeit verlangt mich nicht, denn käm' ich dir mit dem Wasser so nahe, daß du mich erreichen könntest, so würdest du mich so innig umarmen und so zärtlich küssen, daß mein Blut das grüne Gras eben so röthen würde, als es jetzt das deinige röthet.

Wolf. Da läuft es hin das Schaf, sonst so dumm, diesmal aber klug genug, um sich nicht von mir überlisten zu lassen; ja, es scheint sich sogar lustig über mich zu machen und mich zu verspotten. Aber laß mich nur diesmal mit dem Leben davon kommen, so will ich mich schon an dir rächen.

Gotthold.

74. Der Bauer und sein Sohn.

Ein guter dummer Bauerknabe,
Den Junker Hans einst mit auf Reisen nahm,
Und der trotz seinem Herr'n mit einer guten Gabe,
Recht dreist zu lügen, wieder kam:
Ging, kurz nach der vollbrachten Reise,
Mit seinem Vater über Land.
Fritz, der im Geh'n recht Zeit zum Lügen fand,
Log auf die unverschämt'ste Weise.
Zu seinem Unglück kam ein großer Hund gerannt.
„Ja, Vater," rief der unverschämte Knabe,
„Ihr mögt mir's glauben, oder nicht:
So sag' ich Euch's und jedem in's Gesicht,
Daß ich einst einen Hund bei— —Haag gesehen habe,
Hart an dem Weg, wo man nach Frankreich fährt,
Der— —ja, ich bin nicht ehrenwerth,
Wenn er nicht größer war, als Euer größtes Pferd!"

„Das," sprach der Vater, „nimmt mich Wunder;
Wiewohl ein jeder Ort läßt Wunderdinge seh'n.
Wir, zum Exempel, geh'n jetzunder,
Und werden keine Stunde geh'n:
So wirst Du eine Brücke seh'n,
(Wir müssen selbst darüber geh'n),
Die hat Dir manchen schon betrogen;
Denn überhaupt soll's dort nicht gar zu richtig sein.
Auf dieser Brücke liegt ein Stein,
An den stößt man, wenn man denselben Tag gelogen
Und fällt und bricht sogleich das Bein."

Der Bub' erschrak, sobald er dies vernommen.
„Ach," sprach er, „lauft doch nicht so sehr!
Doch wieder auf den Hund zu kommen:
Wie groß, sagt' ich, daß er gewesen wär'?
Wie Euer größtes Pferd? dazu will viel gehören.
Der Hund, jetzt fällt mir's ein, war erst ein halbes Jahr;

Allein das wollt' ich wohl beschwören,
Daß er so groß als mancher Ochse war."

   Sie gingen noch ein gutes Stücke;
Doch Fritzen schlug das Herz. Wie konnt' es anders sein?
Denn Niemand bricht doch gern ein Bein.
Er sah nunmehr die richterische Brücke
Und fühlte schon den Beinbruch halb.
„Ja, Vater," fing er an, „der Hund, von dem ich red'te,
War groß, und wenn ich ihn auch was vergrößert hätte:
So war er doch viel größer als ein Kalb."

Gellert.

75. Der Gericht haltende Löwe.

Der Löwe hat zu allen Zeiten für den König der vierfüßigen Thiere gegolten, wie der Adler für den der Vögel. Dieser König Löwe kam einst in Begleitung seines ganzen Hofstaates in eine Gegend seines Reiches, wo seit Kurzem viele Verbrechen begangen worden waren. Er ließ also verkündigen, er werde am andern Tage ein feierliches Gericht halten, wobei Jeder, selbst der Schwächste und Kleinste, seine Klagen vorbringen könne; die Schuldigen aber sollten bestraft werden und wenn es die Vornehmsten wären.

Zahlreiche Schaaren von Thieren aller Gattungen hatten sich eingefunden und standen um den Thron des Königs her, als dieser das Gericht begann. „Wer hat zu klagen?" rief der Fuchs, der des Königs Schreiber war. Alles war still; da trat die Kuh vor und erzählte mit kläglichem Gebrülle, daß ein schändlicher Räuber ihr in der verwichenen Nacht ihr Kalb geraubt und wahrscheinlich zerrissen habe, denn sie habe nicht weit von ihrem Stalle Blutspuren gesehen.

„Hast du auf Niemanden Verdacht?" fragte der Löwe. „Sieh dich um in diesem Kreise, ob vielleicht der Mörder deines Kalbes darunter ist." Und damit sah er selbst sich grimmig und mit feurigen Augen um. Als er mit seinem zornigen Blicke den Wolf traf, schwieg dieser nicht still, wie die andern Thiere, sondern sprach: „Herr König, ich bin's nicht gewesen; du brauchst mich nicht im Verdachte zu haben." „Habe ich dich denn im Verdachte?" fragte der König. „Es schien mir so," antwortete der Wolf, „als du mich ansahst. Auch weiß ich, daß ich viele Feinde habe, die mir Böses nachsagen. Aber ich kann dir versichern, Herr König, daß ich unter Allen der Unschuldigste bin, denn ich habe mir schon vorige Woche den Magen verdorben und esse deshalb durchaus kein Fleisch, am allerwenigsten Kalbfleisch."

„Jetzt habe ich wirklich Verdacht," brüllte der Löwe; „du vertheidigst dich, ehe du angeklagt bist; das zeigt ein böses Gewissen an." „Bär," sprach er weiter, „untersuche seinen Bauch, ob er wirklich gefastet hat!" Der Wolf wollte die Untersuchung nicht leiden, indem er immer lauter versicherte, daß er unschuldig sei. Aber Niemand glaubte es, weil sein dicker Bauch ihn Lügen strafte. „Panther," befahl jetzt der zornige Löwe, „hilf dem Bären! Wenn der Bösewicht nicht gehorcht, so zerreißt ihn!" Der Panther ließ sich das nicht zweimal sagen. Sie zerrissen den Wolf und die ganze Versammlung sah, daß der Löwe recht gehabt hatte, denn das Kalb fand sich in dem Magen des lügnerischen Wolfes.

Curtmann.

76. Der Junker und der Bauer.

Ein Bauer trat mit dieser Klage
Vor Junker Alexandern hin:
„Vernehmt, Herr, daß ich heut' am Tage
Recht übel angekommen bin.
Mein Hund hat Eure Kuh gebissen;
Wer wird den Schaden tragen müssen?"
„Schelm, das sollst Du!" fuhr hier der Junker auf.
„Für dreißig Thaler war die Kuh mir nicht zu Kauf:
Die sollst Du diesen Augenblick erlegen.
Das sei hiermit erkannt von Rechtes wegen."

„Ach nein! Gestrenger Herr, ich bitte, hört!"
Rief ihm der Bauer wieder zu,
„Ich hab' es in der Angst verkehrt,
Nein, Euer Hund biß meine Kuh."
Und wie hieß nun das Urtheil Alexanders?
„Ja, Bauer, das ist ganz was Anders."

Richey.

77. Ehrlichkeit und Dankbarkeit eines Juden.

Ein Jude, Namens Isaak, ernährte sich lange Zeit vom Handel mit alten Kleidern, wobei er oft kaum das tägliche Brod verdiente. Doch dankte er seinem Gott, daß er ihm wenigstens dieses gab und war in seiner Dürftigkeit zufrieden.

Aber nun starben ihm schnell hinter einander zwei Kinder und er mußte, um sie begraben zu lassen, fast alle seine Habseligkeiten verkaufen. Zudem wurde seine Frau krank, mit der er zwanzig Jahre in Frieden gelebt hatte und da er sie selbst pflegen mußte, so konnte er seinen kleinen Handel nicht abwarten und Wenig oder gar Nichts verdienen. Mehr als einmal ging er hungrig zu Bette, ohne zu wissen, wo am künftigen Tage einige Groschen zu Brod und Arznei herkommen sollten.

Er wandte sich an seine wohlhabenden Glaubensgenossen und stellte ihnen seine Noth vor, aber er wurde hart abgewiesen. Nicht besser ging es ihm bei verschiedenen Christen. Doch trug er sein Schicksal mit Geduld und vertraute auf den Gott, welcher die Unglücklichen hört.

Eines Tages, da es ihm auch an Brod fehlte und er betrübten Herzens über die Straße ging, rief ihn ein junger Herr zu sich und bot ihm einige abgelegte Kleidungsstücke zum Verkauf an. Sie waren bald des Handels einig. Da Isaak aber kein Geld hatte, so bat er, ihm die Sachen aufzuheben, bis er wiederkomme und ging zu seinen Bekannten, sie um einen Vorschuß anzusprechen. Aber es war vergeblich. Er mußte also zu dem jungen Herrn zurückkehren und ihm sagen, daß er die Kleidungsstücke nicht kaufen könne.

Dieser kannte den Juden als einen ehrlichen Mann und erbot sich, ihm den Betrag des Geldes zu borgen. Der arme Isaak dankte herzlich für dieses Zutrauen und trug die Sachen nach Hause.

Hier untersuchte er nochmals, was daraus zu lösen sein möchte. Indem er ein Paar Beinkleider genau ansah, fühlte er zwischen dem Oberzeuge und dem Futter etwas Hartes. Er lösete das Futter ab und siehe, es waren drei Friedrichsd'or, die durch ein Loch in der Tasche heruntergefallen waren.

Schnell ging er mit dem Funde zu dem jungen Herrn zurück. Dieser erstaunte über die Ehrlichkeit, welche bei so sichtbarer Armuth doch kein ungerechtes Gut behalten wollte. Er drückte ihm die Hand und sagte: „Höre, lieber Isaak, ich besinne mich, daß mir das Geld vor Jahr und Tag fortgekommen ist. Ich glaubte es verloren zu haben und dachte schon längst nicht mehr daran. Es soll Dein sein, weil Du so ehrlich bist und die Kleider schenke ich Dir auch."

Isaak war durch dieses gütige Anerbieten sehr gerührt, machte aber Schwierigkeiten, das Geld anzunehmen, weil es ihm dünkte, als solle damit seine Ehrlichkeit bezahlt werden. Der gutmüthige Herr redete ihm jedoch zu, daß er es als ein Geschenk von Gott betrachten müsse, um sein krankes Weib dafür zu pflegen und sich selbst seine Lage zu erleichtern. So ließ es Isaak sich aufdringen und ging mit hundertfältigem Danke gegen Gott und seinen Wohlthäter nach Hause.

Er hatte das Glück, seine Frau wieder hergestellt zu sehen; auch sein kleiner Handel erweiterte sich und nach einigen Jahren lebte er in einer Art Wohlstand. Da gedachte er an seinen Wohlthäter. Er ließ ihm eine silberne Rauchtabaksdose machen, worauf die Worte standen:

Aus Dankbarkeit vom armen Isaak.

Der edelmüthige Herr nahm dieses Geschenk sehr hoch auf und erzählte bei gegebenem Anlaß gern das schöne Beispiel von hoher Ehrlichkeit.

Stern.

78. Amynt.

Amynt, der sich in größter Noth befand,
Und, wenn er nicht die Hütte meiden wollte,
Die hart verpfändet war, zehn Thaler schaffen sollte,
Bat einen reichen Mann, in dessen Dienst er stand,
Doch dieses Mal sein Herz vor ihm nicht zu verschließen
Und ihm zehn Thaler vorzuschießen.
Der Reiche ging des Armen Bitte ein.
Sogleich auf's erste Wort? Ach nein!
Er ließ ihm Zeit, erst Thränen zu vergießen,
Er ließ ihn lange trostlos steh'n
Und zweimal nach der Thüre geh'n;
Und warf ihm erst mit manchem harten Fluche
Die Armuth vor, und schlug hierauf
Ihm in dem dicken Rechnungsbuche
Die Menge böser Schuldner auf,
Und fuhr ihn (denn dafür war ein reicher Mann
Bei jedem Posten herrisch schnaubend an.
Dann fing er an, sich zu entschließen,
Dem redlichen Amynt, der ihm die Handschrift gab,
Auf zehn Procent zehn Thaler vorzuschießen;
Und dies Procent zog er gleich ab.

Jetzt, während noch der Reiche zählte,
Trat grad' ein Handwerksmann herein
Und bat, weil's ihm an Gelde fehlte,
Er möchte doch so gutig sein
Und ihm den kleinen Rest bezahlen.
„Ihr kriegt jetzt Nichts!" fuhr ihn der Schuldner an;
Allein der arme Handwerksmann
Bat ihn zu wiederholten Malen,
Ihm die Paar Thaler auszuzahlen.
Der Reiche, dem der Mann zu lange stehen blieb,
Fuhr endlich auf: „Geht fort, Ihr Schelm, Ihr Dieb!"—
„Ein Schelm? Das wäre mir nicht lieb!
Ich werde geh'n und Sie verklagen;
Amynt dort hat's gehört!" Und eilends ging der Mann.

„Amynt!" fing d'rauf der Wuchrer an,
„Wenn sie Euch vor Gerichte fragen,
So könnt Ihr mir ja zu Gefallen sagen,
Ihr hättet Nichts gehört. Ich will Euch dankbar sein
Und Euch statt zehn, gleich zwanzig Thaler leih'n,
Denn diesen Schimpf, den er von mir erlitten,
Ihm auf dem Rathhaus abzubitten,
Das würde mir ein ew'ger Vorwurf sein.
Kurz, wollet Ihr mich nicht als Zeuge kränken,
So will ich Euch die zwanzig Thaler schenken;
So kommt Ihr gleich aus aller Eurer Noth!"

„Herr!" sprach Amynt, „ich habe seit zwei Tagen
Für meine Kinder nicht satt Brod;
Sie werden über Hunger klagen,
Sobald sie mich nur wieder seh'n;
Es wird mir in die Seele geh'n;
Die Gläub'ger werden mich aus meiner Hütte jagen;
Allein, ich will's mit Gott ertragen.
Streicht Euer Geld, das Ihr mir bietet, ein
Und lernt von mir die Kunst, gewissenhaft zu sein."

Gellert

79. Verträglichkeit.

„Nein, Nachbar, die Rüster gehört mir und zwar mir allein,"
sprach Peter zu seinem Nachbar Michel, „ob sie gleich in unserm

gemeinschaftlichen Zaune steht."—„Nein," erwiederte Michel, „sie gehört mir." Es wurden Worte gewechselt und Beide wurden erbittert. Michel, der nicht gern in Feindschaft mit Jemanden lebte und deshalb nachgiebig war, schlug vor, sie wollten den Baum theilen, aber Peter wollte von nichts hören. „Nein," sagte er, „der Baum gehört mir ganz. Heute noch verklag' ich Dich und will mein Recht schon bekommen."

Er klagte bei der Obrigkeit und diese rieth zu einer gütlichen Theilung. Michel war bereit, aber Peter nicht. Schon hatte Peter einige Tage seinen Nachbar nicht beim Wege angesehen und eine Kuh desselben, die auf seinen Hof gelaufen war, mit den unbarmherzigsten Prügeln fortgejagt. „Peter," sagte daher Michel, „ich fürchte, wir werden Feinde über diesen elenden Baum und das sollte mich dauern. Ich will Dir meinen Antheil am Baume schenken und so sei die Sache zu Ende."—„Was schenken?" fuhr Peter hitzig auf, „ich will und brauche von Dir kein Geschenk; die Sache soll nun ihren Gang gehen und wenn der Prozeß mir noch so viel kosten sollte." Der Gerichtsherr redete ihm zu, aber er wollte von nichts hören. Nun ging der Prozeß vorwärts. Die Gärten wurden ausgemessen, es wurden Zeugen verhört, der Prozeß dauerte schon über ein Jahr und noch war nichts entschieden. Peter hatte schon öfter ansehnliche Summen bezahlen und, da er das Geld nicht hatte, dasselbe auf seinen Garten borgen müssen; aber jeder Thaler, den er hingeben mußte, vermehrte seinen Haß und seine Feindschaft gegen Michel. Er that ihm Alles, was er nur wußte und konnte, zum Possen; er verleumdete ihn, wohin er kam und gab ihn bei der Obrigkeit an, da er einmal mit der brennenden Tabakspfeife über die Straße gegangen war.

Endlich war der Prozeß entschieden. Peter hatte ihn verloren und da er kein Geld schaffen konnte, so verkauften die Gerichte seinen Garten und machten sich und seine Gläubiger bezahlt. Michel kaufte ihn und noch an demselben Tage ging er zu Peter. Dieser blickte ihn wüthend an, als er in das Zimmer trat. „Wollt Ihr meiner spotten?" schrie er auf. „Lieber Peter, wie kannst Du das glauben?" sagte Michel. „Es dauert mich, daß Du Dich durch den unnützen Prozeß um Deinen schönen Garten gebracht hast. Ich habe ihn gekauft und da ich gerade unvermuthet eine beträchtliche Erbschaft gethan habe, baar bezahlt und jetzt komme ich, ihn Dir wieder zu schenken. Peter schlug beschämt die Augen nieder. „Höre," fuhr Michel fort, „wir waren sonst gute Freunde, unsere Väter und Großväter sind es auch gewesen und wir haben so froh mit einander gelebt. Ich habe Dir nichts zu Leide gethan und was Du mir gethan haft, soll vergeffen und vergeben sein. Hier schlag ein, wir sind Freunde und der Garten ist Dein!"

Schluchzend fiel nun Peter seinem Nachbar um den Hals. „Kannst Du mir vergeben?" fragte er, „wie hab' ich so gegen Dich, meinen alten, treuen Freund, handeln können!"

Die Freundschaft war von Neuem geschloffen, aber den Garten wollte Peter nicht annehmen. „Nun wohl," verfetzte Michel, „wenn Du ihn durchaus nicht willst, so schenke ich ihn Deinem ältesten Sohne, bei dem ich Gevatter gestanden habe."

Die Familien, die sonst so glücklich mit einander und seit dem Prozeffe so unglücklich ohne einander gelebt hatten, verfammelten sich und die Freude war allgemein. „Höre," fing mit einem Male Michel an, „damit uns nichts mehr an den böfen Streit erinnert, hole zwei Beile; wir wollen die Rüster umhauen und sie verschen= ken."—„Nein," verfetzte Peter, „wir wollen sie unfern Kindern zum ewigen Warnungszeichen stehen laffen, damit ihr Anblick sie daran erinnere, wie schlimm der Streit ist und sie zur Verträglichkeit er= muntere." Der Baum blieb stehen und Michel und Peter blieben treue Freunde, so lange sie lebten.

80. Geselligkeit.

Der Mensch hat nichts so eigen,
Nichts steht so wohl ihm an,
Als daß er Lieb' erzeigen
Und Freundschaft halten kann;
Wenn er mit seines Gleichen
Soll treten in ein Band,
Verspricht er, nicht zu weichen
Mit Herzen, Mund und Hand.

Die Red' ist uns gegeben,
Damit wir nicht allein
Für uns nur sollen leben
Und fern von Leuten sein:
Wir sollen uns befragen
Und seh'n auf guten Rath,
Das Leid einander klagen
So uns betreten hat.

Was kann die Freude machen,
Die Einsamkeit verhehlt?
Das giebt ein doppelt Lachen,
Was Freunden wird erzählt;
Der kann sein Leid vergessen,
Der es von Herzen sagt;
Der sich muß selbst auffressen,
Der im Geheim sich nagt.

Gott stehet mir vor Allen,
Die meine Seele liebt:
Dann soll mir auch gefallen,
Der mir sich herzlich giebt.
Mit diesen Bund'sgesellen
Verlach' ich Pein und Noth,
Geh' auf den Grund der Höllen
Und breche durch den Tod.

Ich hab', ich habe Herzen,
So treue, wie gebührt,
Die Heuchelei und Scherzen
Nie wissentlich berührt!
Ich bin auch ihnen wieder
Von Grund der Seele hold,
Und lieb euch mehr, ihr Brüder,
Als aller Erden Gold.

Simon Dach.

81. Die dunkelblaue Wiese.

Vater. Ich kenne eine große, dunkelblaue Wiese.—

Emil. Vater, das ist Dein Spaß; solche giebt's ja gar nicht; die Wiesen sehen grün aus, aber nicht blau.

Vater. Meine Wiese sieht doch blau aus und ist größer, als alle Wiesen auf der Welt.

Laura. Hab' ich sie gesehen, Vater?

Vater. Du und Ihr Alle habt sie gesehen und bekommt sie täglich zu sehen. Auf meiner Wiese gehen Jahr aus, Jahr ein, einen Tag wie den andern, eine unzählbare Menge großer und kleiner Schafe auf die Weide, obwohl Nichts dort wächst.

Anton. Aber, Vater, was machen sie denn dort, wenn sie Nichts zu fressen finden? Die Schafe können doch nicht hungern?

Vater. Meine Schafe hungern nicht und fressen auch nicht.

Emil. Dahinter steckt Etwas; das sind gewiß keine lebendigen Schafe, denn sie müssen doch fressen, sonst verhungern sie.

Vater. Lebendig sind meine Schafe; sie leben schon über tausend Jahre und immer sind sie noch wie ehemals, ob sie gleich weder hungern noch dürsten.

Emil. Ueber tausend Jahre sind Deine Schafe alt, Vater? Das kommt mir wunderbar vor. Die Schafe, hat unser Lehrer gesagt, werden höchstens vierzehn Jahre alt.

Vater. Aber es ist doch so, wie ich gesagt habe, liebes Kind! Und schön sind meine Schafe, so schön und glänzend, daß die Schafe in—in—wie heißt doch das Land, wo die besten Schafe sind?

Emil. In Spanien, in Spanien! Sieh', Vater, ich hab's behalten!

Vater. Daß die Schafe in Spanien gar nicht mit ihnen können verglichen werden; denn die ganze Heerde hat goldene Pelze.

Alle Kinder. Ha, ha, ha! Nein, solche giebt's nicht;—mit goldenen Fellen!—Wie könnten die schwachen Thiere eine solche Last tragen? Vater, Du willst nur sehen, ob wir es glauben!

Vater. Es ist mein Ernst, Kinder! Die Felle schimmern wirklich wie Gold, so hell und leuchtend und ihr habt Euch schon oft darüber gefreut.

Emil. Sind sie den ganzen Tag auf der Weide? Hört man sie nicht schreien?

Vater. Sie sind zwar den ganzen Tag darauf, aber man sieht sie nicht; auch hat sie noch Niemand schreien gehört.

Lida. Wenn aber der böse Wolf kommt, da schreien sie doch und laufen davon?

Vater. Auf diese Weide kann niemals ein Wolf kommen und dann haben sie auch einen Hirten, der über sie wacht.

Anton. Einen Hirten? Kann denn der auf so viele Schafe Acht geben? Wie sieht er denn aus?

Vater. Er trägt ein schönes, helles, weißes Kleid, das wie Silber glänzt und niemals schwarz wird; und obwohl er schon weit länger als tausend Jahre die Heerde bewacht, so ist er doch nie eingeschlafen und hat sein Kleid nie ausgezogen. Er bleibt stets hell und munter und sein Kleid immer rein.

Emil. Nein, daraus kann ich nicht klug werden; das muß ein närrischer Mann sein.

Lida. Der muß weder stehen noch gehen können und blind

sein, wie der alte Tobias da drüben, der doch erst achtzig Jahre alt ist.

Vater. Er steht nie still, sondern geht immer unter seinen Schafen umher; auch ist er nicht blind, sondern sieht hell.

Laura. Vater, er schläft gewiß und Du sagst nur so, damit wir nicht so lange schlafen sollen. Er kann auch schlafen, denn seine Hunde werden die Heerde schon bewachen.

Vater, Seine Hunde?—Hunde hat er gar nicht und braucht auch keine.

Laura. Aber eine Schalmei hat er doch und bläst darauf?

Vater. Eine Schalmei zwar nicht, aber ein schönes silbernes Horn; blasen kann er aber nicht und das Horn giebt auch keinen Ton von sich.

Anton. Nun, das kommt immer wunderlicher. Ein Hirt mit seinen Schafen, die über tausend Jahre alt sind, der ein Horn hat und nicht blasen kann, der nie schläft und doch immer munter ist;—das begreif' ich nicht.

Emil. Vater, in welchem Lande liegt denn die Wiese, wo die Wunderschafe gehen?

Vater. Die Wiese liegt in gar keinem Lande, sondern sie geht über alle Länder weg.

Lida. In der Luft also, Vater, in der Luft?

Vater. Ja, da liegt sie.

Lida. Aber wie kommen denn die Schafe dahin? Sie können doch nicht fliegen?

Vater. O ja, meine Schafe können in der Luft umherspazieren und fliegen und fallen nicht herunter.

Anton. Nun, die möcht' ich fliegen sehen!

Vater. Du kannst sie alle Tage sehen. Wenn es Abend wird, kommen sie zum Vorschein und weiden die ganze Nacht.

Emil. Ach, nun weiß ich, wer die goldenen Schafe sind; aber der Hirt?—

Vater. Der ist auch bei den Schafen und wenn Ihr ihn sehen wollt, so schaut einmal zum Fenster hinaus, denn dort kommt er herauf.

Alle Kinder. Der Mond, der Mond! O, nun wissen wir's! Und die Sterne sind die Schafe und die blaue Wiese ist der Himmel. Du hast es uns aber schwer gemacht, Vater! Aber noch eins, es war so hübsch; noch eins!

Vater. Morgen, Kinder! Heute weiß ich keines mehr.

Besselbt.

82. Die lange Tafel.

„Nun, Kinder, wenn Ihr fleißig seid,
So will ich Euch ein Schauspiel zeigen,
Das Euch gewiß recht herzlich freut;
Denn es hat nirgend seines Gleichen.

Habt Ihr die Tafel schon geseh'n,
An der viel Tausend, Tausend speisen?
Wir wollen heut spazieren geh'n;
Da will ich Euch die Tafel weisen.

Die Tafel ist unendlich lang,
Und stets gedeckt für Millionen.
Nun seid recht fleißig! Unser Gang
Soll euren Fleiß gewiß belohnen."

So sprach mit väterlichem Sinn
Ein Lehrer einst zur kleinen Heerde
Und Alles setzt sich fleißig hin,
Daß, was er sprach, erfüllet werde.

Und als der Unterricht vollbracht,
Sieht man die Kleinen lauschend stehen,
„Nun rasch die Bücher zugemacht!
Ihr sollt die lange Tafel sehen."

D'rauf führt er seine kleine Schaar
Auf eines Berges hohe Spitze.
Als sie hier angekommen war,
Ruht sie auf weichem Rasensitze.

Die Kraft der Kleinen kehrt zurück,
Sie möchten nun die Tafel sehen.
„Wo ist sie wohl?" fragt jeder Blick,
„Wir müssen wohl noch weiter gehen?"

„Nun, liebe Kinder, schaut einmal
Hinunter auf die schönen Fluren.
Wie glänzen doch im Sonnenstrahl
All überall des Segens Spuren.

Wie schmückt des Baumes Blüthenschnee
Die neu erwachte schöne Erde!

Dort tummelt sich im fetten Klee
Die breitgestirnte Rinderheerde.

Das ist die Tafel, stets gedeckt
Für Millionen froher Gäste.
Und Gott, der alles Leben weckt,
Bewirthet, was er schuf, auf's Beste.

Vom Anfang her hat er's gethan,
Und speist noch jetzt die jungen Raben,
O, betet ihn recht dankbar an,
Den Geber aller guten Gaben!

Ja, Aller Augen warten sein;
Denn Allen giebt er ihre Speise.
Das, Kinder, präget tief Euch ein,
Daß frommer Dank den Geber preise!"

Nach Hebel.

83. Die Pfirsichen.

Ein Landmann brachte aus der Stadt fünf Pfirsichen mit, die schönsten, die man sehen konnte. Seine Kinder aber sahen diese Frucht zum ersten Male, deshalb wunderten und freuten sie sich sehr über die schönen Aepfel mit den röthlichen Backen und dem zarten Flaum. Darauf vertheilte sie der Vater unter seine vier Knaben und eine erhielt die Mutter.

Am Abende, als die Kinder in das Schlafkämmerlein gingen, fragte der Vater: „Nun, wie haben Euch die schönen Aepfel geschmeckt?"

„Herrlich! lieber Vater," sagte der Aelteste. „Es ist eine schöne Frucht, so säuerlich und so sanft von Geschmack. Ich habe mir den Stein sorgsam aufbewahrt und will mir daraus einen Baum ziehen." „Brav," sagte der Vater, „das heißt haushälterisch auch für die Zukunft gesorgt, wie es dem Landmanne geziemt."

„Ich habe die meinige sogleich aufgegessen," rief der Jüngste, „und den Stein weggeworfen und die Mutter hat mir die Hälfte von der ihrigen gegeben. O, das schmeckte so süß und zerschmilzt einem im Munde!"

„Nun," sagte der Vater, „Du hast zwar nicht klug, aber doch natürlich und nach kindlicher Weise gehandelt. Für die Klugheit ist auch noch Raum genug im Leben."

Da begann der zweite Sohn: „Ich habe den Stein, den der kleine Bruder fortwarf, gesammelt und aufgeklopft. Es war ein Kern darin, der schmeckte so süß wie eine Nuß. Aber meine Pfirsiche habe ich verkauft und so viel Geld dafür erhalten, daß ich, wenn ich nach der Stadt komme, wohl zwölf dafür kaufen kann."

Der Vater schüttelte den Kopf und sagte: „Klug ist das wohl, aber—kindlich wenigstens und natürlich war es nicht. Bewahre Dich der Himmel, daß Du kein Kaufmann werdest!"

„Und Du, Edmund?" fragte der Vater.—Unbefangen und offen antwortete Edmund: „Ich habe meine Pfirsiche dem Sohne unsers Nachbars, dem kranken Georg, der das Fieber hat, gebracht. Er wollte sie nicht nehmen. Da habe ich ihm dieselbe auf das Bett gelegt und bin hinweggegangen."

„Nun," sagte der Vater, „wer hat denn wohl den besten Gebrauch von seiner Pfirsiche gemacht?" Da riefen sie alle drei: „Das hat Bruder Edmund gethan!" Edmund aber schwieg still. Und die Mutter umarmte ihn mit einer Thräne im Auge.

Krummacher.

84. Das Gewitter.

Urahne, Großmutter, Mutter und Kind
In dumpfer Stube beisammen sind;
Es spielet das Kind, die Mutter sich schmückt,
Großmutter spinnet, Urahne gebückt
Sitzt hinter dem Ofen im Pfühl.
Wie wehen die Lüfte so schwül!

Das Kind spricht: „Morgen ist's Feiertag,
Wie will ich spielen im grünen Haag,
Wie will ich springen durch Thal und Höh'n,
Wie will ich pflücken viel Blumen schön;
Dem Anger, dem bin ich hold!"—
Hört ihr's, wie der Donner grollt?—

Die Mutter spricht: „Morgen ist's Feiertag;
Da halten wir Alle fröhlich Gelag,
Ich selber, ich rüste mein Feierkleid;
Das Leben, es hat auch Lust nach Leid,
Dann scheint die Sonne wie Gold!"—
Hört ihr's, wie der Donner grollt?—

Großmutter spricht: „Morgen ist's Feiertag,
Großmutter hat keinen Feiertag,
Sie kochet das Mahl, sie spinnt das Kleid,
Das Leben ist Sorg' und viel Arbeit;
Wohl dem, der that, was er sollt'!"—
Hört ihr's, wie der Donner grollt?—

Urahne spricht: „Morgen ist's Feiertag,
Am liebsten morgen ich sterben mag:
Ich kann nicht singen und scherzen mehr,
Ich kann nicht sorgen und schaffen schwer,
Was thu' ich noch auf der Welt?"—
Seht ihr, wie der Blitz dort fällt?—

Sie hören's nicht, sie sehen's nicht,
Es flammet die Stube wie lauter Licht:
Urahne, Großmutter, Mutter und Kind
Vom Strahl mit einander getroffen sind;
Vier Leben endet Ein Schlag—
Und morgen ist's Feiertag.

Schwab.

85. Der Mond, ein Bild des Lebens.

Am westlichen Himmel schwamm der Mond wie ein leichter Nachen in dem Wiederscheine des Abendrothes. Die Kinder zeigten ihn dem Vater. „Wie schön und zart er ist," sagte Alwin; „so sieht er nicht immer aus!" „Er ist in seiner Kindheit," erwiederte der Vater. „Mit jedem Tage wird er wachsen und sein Licht wird zunehmen, bis er uns die ganze volle Scheibe zeigt. Vielleicht werden ihn bisweilen Wolken bedecken und er wird sein Angesicht gleichsam verhüllen. Nach einiger Zeit wird er wieder abnehmen und kleiner werden, bis er endlich ganz verschwindet, um ein vollkommenes Bild des menschlichen Lebens zu werden." „Ich verstehe nicht, was Du meinst," sagte Theodor. „O ja," fiel Alwin ein, „ich weiß, was Du sagen willst: Der Mensch nimmt auch zu und ab; er glänzt eine Zeit lang über der Erde; dann verschwindet er und wird im Grabe verborgen." „Und die Wolken, die den Mond bisweilen umhüllen?" sagte der Vater. „Diese weiß ich nicht zu deuten." „Es sind die Unfälle, die dem Menschen begegnen," fuhr der Vater fort; „kein Leben ist immer glänzend und heiter über die Erde hinweggezogen; jedes hat seine trüben Tage gehabt. Aber

an dem unschuldigen und guten Menschen ziehen die Wolken vor=
über und die Ruhe seiner Seele bleibt ungestört. Und wenn er
auch endlich vor unsern Augen verschwunden, so geht er nicht zu
Grunde, sondern strahlt in einer andern Gegend ewig und unver=
änderlich."

Jakobs.

86. Die Hoffnung.

Es reden und träumen die Menschen viel
Von bessern künftigen Tagen,
Nach einem glücklichen, goldenen Ziel
Sieht man sie rennen und jagen.
Die Welt wird alt und wird wieder jung,
Doch der Mensch hofft immer Verbesserung!

Die Hoffnung führt ihn in's Leben ein,
Sie umflattert den fröhlichen Knaben,
Den Jüngling locket ihr Zauberschein,
Sie wird mit dem Greis' nicht begraben;
Denn beschließt er im Grabe den müden Lauf,
Noch am Grabe pflanzt er—die Hoffnung auf.

Es ist kein leerer, schmeichelnder Wahn,
Erzeugt im Gehirne des Thoren;
Im Herzen kündet es laut sich an:
Zu was Beß'rem sind wir geboren;
Und was die innere Stimme spricht,
Das täuscht die hoffende Seele nicht.

Schiller.

87. Der kluge Richter.

Ein reicher Mann hatte eine beträchtliche Geldsumme, welche in
ein Tuch eingenäht war, aus Unvorsichtigkeit verloren. Er machte
daher seinen Verlust bekannt und bot, wie man zu thun pflegt, dem
ehrlichen Finder eine Belohnung und zwar von 100 Thalern an.
Da kam bald ein guter und ehrlicher Mann daher gegangen.

„Dein Geld habe ich gefunden; dies wird's wohl sein! So
nimm Dein Eigenthum zurück!" So sprach er mit dem heitern
Blicke eines ehrlichen Mannes und eines guten Gewissens; und das
war schön. Der Andere machte auch ein fröhliches Gesicht, aber
nur, weil er sein verloren geglaubtes Geld wieder hatte; denn wie

es um seine Ehrlichkeit aussah, das wird sich bald zeigen. Er zählte das Geld und dachte unterdessen geschwind nach, wie er den treuen Finder um die versprochene Belohnung bringen könne. „Guter Freund!" sprach er hierauf, „es waren eigentlich 800 Thaler in dem Tuche eingenäht; ich finde aber nur 700 Thaler. Ihr werdet also wohl eine Naht aufgetrennt und Eure 100 Thaler Belohnung schon herausgenommen haben. Da habt Ihr wohl daran gethan. Ich danke Euch."—Das war nicht schön! Aber wir sind auch noch nicht am Ende. Ehrlich währt am längsten, und Unrecht schlägt seinen eigenen Herrn.

Der ehrliche Finder, dem es weniger um die 100 Thaler als um seine unbescholtene Rechtschaffenheit zu thun war, versicherte, daß er das Päcklein so gefunden habe, wie er es bringe, und es so bringe, wie er es gefunden habe. Am Ende kamen sie vor den Richter. Beide bestanden auch hier noch auf ihrer Behauptung: der Eine, daß 800 Thaler seien eingenäht gewesen, der Andere, daß er von dem Gefundenen Nichts genommen und das Päcklein nicht versehrt habe.

Da war guter Rath theuer. Aber der kluge Richter, der die Ehrlichkeit des Einen und die Schlechtigkeit des Andern schon zum Voraus zu kennen schien, griff die Sache so an: Er ließ sich von Beiden über das, was sie aussagten, eine feste und feierliche Versicherung geben und that hierauf folgenden Ausspruch: „Demnach, wenn der Eine von Euch 800 Thaler verloren, der Andere aber nur ein Päcklein mit 700 Thalern gefunden hat, so kann auch das Geld des Letztern nicht das nämliche sein, auf welches der Erste ein Recht hat. Du, ehrlicher Finder, nimmst also das Geld, welches Du gefunden hast, wieder zurück und behältst es in guter Verwahrung, bis der kommt, welcher nur 700 Thaler verloren hat. Und Dir da weiß ich keinen andern Rath, als Du geduldest Dich, bis derjenige sich meldet, der Deine 800 Thaler findet." So sprach der Richter und dabei blieb es.

Hebel.

88. Licht und Wärme.

Der beß're Mensch tritt in die Welt
Mit fröhlichem Vertrauen:
Er glaubt, was ihm die Seele schwellt,
Auch außer sich zu schauen,
Und weiht, von ed'lem Eifer warm,
Der Wahrheit seinen treuen Arm.

Doch Alles ist so klein, so eng:
Hat er es erst erfahren,
Da sucht er in dem Weltgedräng'
Sich selbst nur zu bewahren;
Das Herz, in kalter, stolzer Ruh',
Schließt endlich sich der Liebe zu.

Sie geben, ach! nicht immer Gluth,
Der Wahrheit helle Strahlen.
Wohl denen, die des Wissens Gut
Nicht mit dem Herzen zahlen.
D'rum paart zu eurem schönsten Glück
Mit Schwärmers Ernst des Weltmanns Blick!

Schiller.

89. Die Ziege und ihre Böcklein.

Eine alte Ziege hatte zwei junge Böckchen. „Kinderchen,“ sagte sie einmal zu diesen, „ich weiß eine Hecke mit köstlichen Hollunderblättern, aber sie ist weit, weit von hier und ihr könnt nicht mitgehen; doch sollt ihr um deswillen nicht zu kurz kommen. Jedem von euch bring' ich zwei frische Zweige mit, wenn ihr brav seid. Aber springt mir ja nicht außen herum und macht auch die Thür nicht auf, wenn etwas Unbekanntes herein will! Der Wolf schleicht seit etlichen Tagen wieder in der Gegend umher und so ein paar fette Dingerchen, wie ihr seid, wären ein wahrer Leckerbissen für ihn.“—„Wir wollen gewiß schön im Stalle bleiben und die Thür nicht aufmachen, bis du wiederkommst, lieb Müttterchen,“ sprachen die Böckchen und riegelten von innen zu, als die Mutter hinaus war.

Kaum aber war sie eine Viertelstunde fort, da kam schon Etwas vor die Stallthür und rief im Tone der Mutter: „Macht auf, ihr Herzchen, macht auf!“ „J, die Mutter, die Mutter kommt schon wieder!“ jubelte eins der Böckchen und wollte sogleich die Thür öffnen. „Halt!“ sagte das andere; „das war die freundliche Stimme unserer lieben Mutter nicht!“ Zugleich sah es durch ein kleines Loch der Thür und bemerkte, daß es der Wolf war. Beide erschraken sehr. „Wir machen nicht auf,“ riefen sie, „Mutter hat es verboten!“ „Das ist wohl wahr,“ sagte der Wolf; „aber Mutter schickt mich her, ich sollt' euch Etwas bringen.“—„Ei,“ versetzten die Böckchen, „Mutter schickt keinen Wolf und was der bringt, das wollen wir nicht.“ Da wurde der Wolf zornig, fing fürchterlich an zu heulen und sprang mit beiden Vorderfüßen gegen die Thür. „Aufgemacht! sogleich aufgemacht! oder ich breche mit Gewalt ein und reiße euch beide in Stücke. Wißt, daß es nichts Beleidigenderes für mich giebt, als Mißtrauen.“ Ach, da bebten die armen Thierchen wie Espenlaub. „O Mutter, o Mutter! wir sind verloren, wir sehen dich nicht wieder!“ riefen sie jammernd aus.

In dem Augenblicke fiel ein Donnerschlag, der sie ganz betäubte. Zu ihrem Troste aber hörten sie gleich darauf das Röcheln des Wolfes. Ein Flintenschuß des nahe dabei wohnenden Jägers hatte ihn zu Boden gestreckt und zu ihrer Freude sahen sie durch die kleine Oeffnung, wie er ihn am Schwanze nahm und fortzog; aber eine Lache Bluts blieb vor der Stallthür zurück.

Einige Zeit darauf kam Mutter Ziege nach Hause. Sie hatte das Maul voll frischer Hollunderzweige und freute sich im Voraus darüber, wie ihre Böckchen die Blätter würden herabkläubeln. Wie sehr erschrak sie aber, als sie schon von ferne das Blut vor der Stallthür sah! „Ach, meine Kinderchen, meine armen Kinderchen!“ hub sie an zu schreien und ließ den Hollunder fallen.—

Die Böckchen riefen dagegen: „Kommst du, Mütterchen? kommst du?“ Und sogleich machten sie den Stall auf. Die alte Ziege trat, taumelnd vor Schrecken und Freuden, hinein. „Kinder, Kinder,“ sagte sie, „wo kommt das Blut vor dem Stalle her? Ich glaubte, der Wolf habe euch erwürgt.“ Die Böckchen erzählten nun Alles, was vorgegangen war und leckten der Mutter schmeichelnd die Lippen.

„Seht ihr, liebe Kinder,“ sagte zuletzt die Mutter, „wie gut es ist, wenn man den Aeltern folgt! Wäret ihr nicht im Stalle geblieben, oder hättet ihr ihn unvorsichtig geöffnet, so wäret ihr beide verloren.—Doch vor Schrecken habe ich ja die schönen Hollunderzweige fallen lassen, die ich euch mitbringen wollte!“ Sie ging, holte sie herein und theilte sie mit den Worten aus: „Esset nun, und laßt sie euch wohl schmecken nach der Gefahr, der ihr durch Gehorsam entgangen seid.“—

90. Die junge Fliege.

Ein Fliegenschwarm saß um den Rand
Von einem Topfe Milch, der ohne Deckel stand.
Die meisten unter ihnen waren
Jung, unbedachtsam, unerfahren
Und ungewohnt, sich vorzuseh'n.

D'rum sprach die Eine von den Alten:
„Ihr Kinder müßt euch ja, wie wir, am Rande halten,
Sonst ist's um euch gescheh'n!
Zwar seid ihr noch zu jung, dies selber einzuseh'n;
Doch glaubet mir's und folgt; sonst werdet ihr's beklagen."

Die Jüngste schlug die Warnung in den Wind
Und sprach: „Wir wissen's schon, daß Alte furchtsam sind;
Auf die Gefahr wollt' ich's wohl wagen.
Man bricht doch," hub sie an zu schrei'n,
„Man bricht doch in der Milch nicht etwa gar ein Bein?
Laßt seh'n, ich wage mich hinein!
Wer Herz hat, folge mir! Es wird ihn nicht gereu'n."

Die Alte rief: „Du wagst dich in Gefahr des Lebens!"
Doch ihre Warnung war vergebens.

„Bin ich nicht selber groß genug?
Und sind denn nur die Alten klug?"

Die Alte bat; umsonst war ihre Bitte;
Die Junge setzte sich recht in des Topfes Mitte.
Hier schwamm sie in der Milch, (für sie war dies ein See)
Sank unter, wehrte sich, kam wieder in die Höh';
Arbeitete, nicht wieder zu versinken;
Vergebens! denn sie mußt ertrinken.

Michaelis.

91. Die Mutterliebe.

In einer blühenden Ebene Italiens, zwischen duftenden Limo=
nienwäldern, beglückte die gute Clementine in einem kleinen, ein=
samen Häuschen einen Mann und drei Kinder mit unaussprech=
licher Liebe. Eines Tages hatte sie von der kühlen Dämmerung
des Morgens an bis zum schwülen, sinkenden Abende, indeß ihr
Gatte in Geschäften entfernt war, emsig gearbeitet und, ohne nur
einmal an sich zu denken, rastlos ihre Kräfte an der Beschickung des
Hauses und der Besorgung ihrer Kleinen erschöpft. Froh der
vollendeten Arbeit, trat sie in die Thüre der Hütte und schaute
mütterlich sorgsam nach ihrem Knaben Antonio, der in der Nähe
mit der kleineren Schwester Franziska an einem Lorbeergesträuche
im Schatten von Olivenbäumen einträchtig spielte.
Befriedigt eilte sie zurück in die arme, reinliche Stube, besetzte

den schlechten Tisch mit dürftiger, doch wohlschmeckender Kost zum
Abendessen, hing mit lächelndem Gesichte und verhaltenem Athem
lange über der Wiege, in welcher ihr Säugling mit glühenden Wangen und hörbaren Athemzügen des süßen Schlafes genoß und ließ
sich dann behutsam auf einen Schemel neben der Wiege an ihrem
Rade nieder.   Die friedliche Stille umher, das sanfte Athmen des
schlafenden Kindes, das leise Wehen eines schwülen Lüftchens, das
im dichten Rebenlaube vor dem Fenster flüsterte, der oft unter=
brochene Gesang einer Schwalbe, die unter dem Dache zwitscherte
und vor Allem die Ermüdung von vierzehnstündiger Geschäftigkeit
führten einen Schlummer herbei, der ihr unbemerkt die schweren
Augenlider zu schließen begann.   Aber schnell raffte sie sich auf:
„Ich darf nicht schlafen,“ dachte sie, „Franziska braucht ein neues
Kleidchen,“—und rieb die drückende Mattigkeit aus den Augen.—
Gott, wie oft und gern reibt eine Mutter für ihre Kinder den Schlaf
von den Wimpern!—Und dann spann sie so eifrig, so rasch, dann
drehte sie ihr Rädchen so hurtig, als sollte das Garn zu Franziska's
Kleide noch heute gesponnen sein.

Plötzlich schreckte ein jähes Angstgeschrei ihres Antonio sie auf.
Sie stürzte vor die Hütte und sah mit Beben, wie er die kleine zitternde Franziska herbeiführte und hörte mit Erstarren, wie er von
Weitem rief: „Mutter, sieh nur, wie Franziska's Hand blutet! Eine
Natter hat sie gebissen!“—„Ach, Franziska! meine Franziska! eine
Natter! Gott, warum ließ ich sie hier spielen? Hülfe! Rettung!“
—das war Alles, was sie mit verschlungenen Armen ächzte und was
sie zu einem eben vorübereilenden Manne in gebrochenen Worten
stammelte.   „Junges Weib!“ sagte der Wanderer, „ich kann nicht
weilen; mein Vater liegt in jenem Dorfe todtkrank; auch habe ich
nur einen Rath: Seht, wo Ihr einen Hund bekommt, der ihr das
Gift aus der Wunde saugt; aber geschwind, geschwind! sonst weiß
ich Nichts.“

Mit diesen Worten ging der Mann vorüber und Clementine
taumelte, wie von jähem Schwindel befallen und die Verzweiflung
zuckte in ihrem blassen Gesichte.   Doch nach einem Augenblicke war
ihr Antlitz heiter; sie erhob sich schnell und freudig, wie wenn man
Rettung sieht.   „Ein Hund das Natterngift aus ihren Wunden
saugen?“ sagte sie; „das wird ein Hund nicht thun; aber eine Mutter kann es!“ und hastig zog sie ihre Tochter an sich, als ob sie von
einem Abgrunde sie wegriße und drückte die sanften Lippen auf die
Wunde und sog so innig und so lange, als könnte sie hundertjähriges
Leben aus dieser Wunde saugen.

Indem fah Antonio den Vater fich nähern, ftürzte ihm entge=
gen und erzählte ihm, was gefchehen war und was die Mutter thue.
Vor Entfetzen erbleichte der junge Mann und wankte und hielt fich
an dem nächften Baume feft. „Was machft Du, Vater?" rief der
Knabe und fprang auf ihn zu, als wollte er ihm helfen, aber noch
ehe er ihn umfaßte, bebte er wieder zurück vor einer todten Schlange,
die er an des Vaters Stab gewunden erblickte und ftammelte: „Ach,
die Natter war es, fo eine Natter hat unfere liebe Franziska ge=
biffen!"

Nun, Gott Lob, Gott Lob!" jauchzte der Vater, „das ift keine
Natter, das ift eine unfchädliche Schlange, die Niemanden tödten
kann." Mit naffen Augen erreichte er feine Hütte, umfaßte die
Tochter mit der Mutter und fchloß fie lange an feine Bruft und
rief mit trunkener Freude: „Weib, wie haft Du mich erfchreckt;
aber Gott fei Dank, die Schlange war nicht giftig! Der Herr fei
gepriefen, wir bleiben noch zufammen und Deine Mutterliebe werde
ich nie vergeffen; und diefe Hand, auf deren Wunde Du Deine
mütterlichen Lippen drückteft, wird einft gewiß Dein graues Haar
mit Rofen und Myrthenkränzen zieren."

In fchweigendem Entzücken traten nun die Gatten, von ihren
Kindern begleitet, in die Stube, durch deren Fenfter eben die fin=
kende Sonne den einladenden Tifch mit ihrem Rofenfchimmer
röthete und der Säugling in der Wiege fah fich mit weit offenen
Augen ruhig um und lächelte den glücklichen Aeltern entgegen.

Starke.

92. Der Löwe in Florenz.

„Der Löw' ift los! Der Löw' ift frei!
Die eh'rne Bande fprengt' er entzwei!
Zurück, daß ihr den fträflichen Muth
Nicht fchrecklich büßet mit eurem Blut!"

Und Jeder fucht mit fcheuer Eil'
Im Innern des Haufes Schutz und Heil;
Auf Markt und Straßen, rund umher,
Ward's plötzlich ftill und menfchenleer.

Ein Kindlein nur, fein unbewußt,
Verloren in des Spieles Luft,
Fern von der forglichen Mutterhand,
Saß auf dem Markt am Brunnenrand.'

Wohl Viele sahen von oben herab;
Sie schauten geöffnet des Kindleins Grab;
Sie rangen die Hände und weinten sehr
Und blickten zagend nach Hülf' umher.

Doch Keiner wagt das ei'gne Leben
Um des fremden willen dahin zu geben;
Denn schon verkündet ein nahes Gebrüll
Das Verderben, das Jedermann meiden will.

Und schon mit der rollenden Augen Gluth
Erlechzt der Löwe des Kindleins Blut;
Ja, schon erhebt er die grimmigen Klau'n;
O, qualvoll, herzzerreißend zu schau'n!—

So rettet Nichts das zarte Leben,
Dem gräßlichen Tode dahin gegeben?—
Da plötzlich stürzt aus einem Haus
Mit fliegenden Haaren ein Weib heraus.

Um Gotteswillen, o Weib, halt' ein!
Willst du dich selbst dem Verderben weih'n?
Unglückliche Mutter!   Zurück den Schritt;
Du kannst nicht retten; du stirbst nur mit.

Doch furchtlos fällt sie den Löwen an,
Und aus dem Rachen mit scharfem Zahn
Nimmt sie das unversehrte Kind
In ihren rettenden Arm geschwind.

Der Löwe stutzet, und unverweilt
Mit dem Kinde die Mutter von dannen eilt.
Da erkannte gerührt, so Jung, wie Alt,
Des Mutterherzens Allgewalt.

Und des Löwen großmüthigen Sinn zugleich:
Doch manche Mutter, von Schrecken bleich,
Sprach still: Um des eig'nen Kindes Leben
Hätt' ich auch meines dahin gegeben!

Bernhardi.

93. Sprüchwörter und Denksprüche.

Alte Schäden heilen schwer.—Art läßt nicht von Art.—Allzu
scharf macht Scharten.—Besser biegen, als brechen.—Besser zwei=

mal fragen, als einmal irre gehen.—Den Vogel erkennt man an den Federn.—Eile mit Weile.—Erst besinn's, dann beginn's.— Eine fette Küche macht einen mageren Beutel.—Eine Schwalbe macht keinen Sommer.—Es ist noch kein Meister vom Himmel ge= fallen.—Ein guter Freund, ein edles Kleinod.—Gelegenheit macht Diebe.—Gut Ding will Weile haben.—Gut Gewissen würzt den Bissen.—Großes Gut, große Sorge.—Heute roth, morgen todt.— Jähe Sprünge gerathen selten gut.—Irren ist menschlich.—Jeder Arbeiter ist seines Lohnes werth.—Keine Rose ohne Dornen.— Lange geborgt ist nicht geschenkt.—Neue Besen kehren gut.—Theile nicht die Beute vor dem Siege.—Trau', schau', wem?—Untreue schlägt den eig'nen Herrn.—Viel Naschen macht leere Taschen.— Viele Hunde sind des Hasen Tod.—Voller Bauch studirt nicht gern.—Williges Herz macht leichte Füße.—Wenn man die Saiten zu hoch spannt, springen sie.—Wo kein Kläger ist, da ist auch kein Richter.—Womit man umgeht, das hängt Einen an.

Der Frosch geht wieder in den Pfuhl und säß' er auch auf gold'nem Stuhl!—Für And'rer Wohl zu leben, dies sei stets dein Bestreben!—Frohsinn, Mäßigkeit und Ruh' schließt dem Arzt die Thüre zu.—Laß nie den Müßiggang dir deine Kraft verzehren, der Faule erntet Schimpf, der Fleiß'ge kommt zu Ehren.—Rede wenig, aber wahr; vieles Reden bringt Gefahr.—Tanzen, Kartenspiel und Wein reißen große Häuser ein.—Verachte keinen Feind, so schlecht er immer scheint.—Wer Böses sieht und hindern kann und thut es nicht, ist Schuld daran.—Was ich denke, was ich thu' trau ich auch dem Andern zu.

94. Der Wegweiser.

Weißt, wo der Weg zum Mehlfaß geht, zum vollen Faß? In Morgenroth mit Pflug und Karst durch's Weizenfeld, bis Stern an Stern am Himmel steht.

Man schafft, weil's Tag ist, ohne Ruh', schaut sich nicht um, bleibt nimmer steh'n; drauf geht's durch Scheun' und Tenne fort, dem Brodschrank in der Küche zu.

Weißt du den Weg zum Gulden? Sieh, er geht dem rothen Kreuzer nach, und wer nicht um den Kreuzer sorgt, der bringt es auch zum Gulden nie.

Wo geht's zur frohen Sonntagszeit? Folg' immerdar dem Werkeltag hier durch die Werkstatt, dort durch's Feld, dann ist der Sonntag auch nicht weit.

Am Samstag ist er vollends nah. Was deckt er wohl im Körbchen zu? Ich denk', ein Pfündchen Fleisch in's Muß, wohl auch ein Schöppchen Wein ist da.

Wo geht der Weg zur Armuth hin? Schau nach den Wirths= hausschildern nur, geh' nicht vorbei, der Wein ist gut, und nagelneu die Karten d'rin.

Im letzten Wirthshaus hängt ein Sack, und gehst du fort, häng' dir ihn um! „Du alter Lump, wie steht so gut, so zierlich dir der Bettelsack!"

Und drin von Holz das Becherlein, nimm's wohl in Acht, ver= lier' es nicht, und wenn du zu dem Wasser kommst und trinken magst, so schöpfe drein.

Wo geht's zum frohen Alter? Sprich, wo ist der Weg zur Ehr' und Ruh'? Grab' vor dir hin, in Mäßigkeit, mit stillem Sinn in Pflicht und Recht.

Und führt zum Kreuzweg dich die Spur und weißt du nicht den rechten Pfad, so frage dein Gewissen an, es kann ja deutsch,—ihm folge nur.

Wo ist der Weg zum Leichenstein? Ach, frage nicht! Geh, wo du willst; zur stillen Gruft im kühlen Grund führt jeder Weg, kannst sicher sein.

In Gottesfurcht nur wandle hier! das rath ich dir, so viel ich kann. Ein heimlich Pförtchen hat das Grab, und Manches zeigt es jenseits dir!

Nach Hebel.

95. Das Vogelnest.

Heinrich (Auf einen Baum deutend.) Siehst Du? Siehst Du da oben?

Wilhelm. Was denn?

Heinr. . . . die Kohlmeise in's Baumloch schlüpfen?—Da ist gewiß ihr Nest!

Wilh. Gut! Viel Glück zur Entdeckung!

Heinr. Du glaubst doch nicht, daß ich den Fund allein be= halten wolle?

Wilh. Verkaufe nur die Bärenhaut nicht zu frühe!—Aber was wollen wir mit den Vögelchen machen?

Heinr. Sie in einen Käfig stecken.

Wilh. Und darin verhungern lassen?

Heinr. Warum nicht gar! Können wir sie nicht vor unser Fenster hängen, daß die Alten sie groß füttern?

Wilh. Werden sie das auch thun?

Heinr. Warum nicht? Der Baum ist ja nahe genug an unserm Hause.—Kannst Du Dir was Lustigeres denken, als die jungen Vögelchen so flattern, zwitschern und das Maul aufsperren zu seh'n, wenn die Alten mit Futter kommen?

Wilh. Und so Etwas macht Dir Vergnügen?

Heinr. Warum nicht?

Wilh. Würd' es uns wohl auch Vergnügen machen, wenn wir in einem Gefängniß steckten und unsere jammernden Aeltern müßten uns durch ein Gitter das Brod reichen?

Heinr. Sind wir denn Vögel?

Wilh. Wenigstens keine befiederten; aber hast Du denn das Sprüchelchen: „Auch ein Thier empfindet Schmerz, quäl' es nicht, o menschlich Herz!" ganz vergessen?

Heinr. Will ich sie denn quälen, am Faden herumschleppen, oder verhungern lassen?

Wilh. Glaubst Du denn nicht, daß schon die Gefangenschaft und die Trennung von ihren Aeltern Qual genug für sie ist? Rührt es Dich nicht, wenn die Alten so ängstlich um das Gitter herumfliegen und locken? Wenn ihre Jungen ihnen so sehnlich entgegenflattern? Wenn die treuen Alten an den Käfig sich anklammern und ihre armen Kinderchen durch's Gitter zu küssen scheinen, indem sie ihnen das Futter bringen? Bruder—bist Du wirklich so hartherzig?

Heinr. Still! Still! Wer könnt' einer so rührenden Warnung widerstehen? Nein, nein, lebt ruhig mit euren Aeltern, ihr kleinen Vögelchen; und wenn ihr groß seid, so singt uns ein Liedchen vom Baume herab! Weißt Du aber auch, Bruder Wilhelm, wem das Liedchen dann gelten wird: mir, oder Dir?

Schlez.

96. Das Vogelnest.

In einem dichten Busche hatte
Ein Vögelchen sein Nest gebaut,
Und froh sang ihm sein lieber Gatte
Manch' Liedchen, eh' der Tag noch graut!

Bald waren Junge in dem Neste,
Nun trug es ohne Rast und Ruh
Aus allen Gegenden das Beste
Zu ihrer Nahrung liebreich zu.

Nichts glich der Freude und dem Glücke,
Die unser Vögelchen empfand,
Kam es zu seinem Nest zurücke,
Wenn es die süße Brut noch fand.

Doch bald entriß ein böser Junge
Ihm unbarmherzig Ruh und Lust;
Er kam und nahm in vollem Sprunge
Das Nestchen, das er längst gewußt.

„O Räuber," schrie es, „meine Kleinen!
Gieb, gieb mir die geliebte Brut!
Kannst du so hart, so grausam meinen,
Daß mir dein Raub nicht wehe thut?"

Taub bei des armen Vogels Klagen,
Nahm er das Nest und sprang davon;
Doch kaum hatt' er es weggetragen,
So starb das Vögelchen auch schon.

O liebes Kind, bei And'rer Schmerzen
Fühlt edles Blut Barmherzigkeit;
Heiß glüh' in deinem weichen Herzen
Stets das Gefühl der Menschlichkeit!

Weiße

97. Der alte Fischer.

Eine Bürde Brennholz auf dem Rücken, fast vor Kälte starr, kam Semnon, der alte Fischer, aus dem entblätterten Haine zurück. Mühsam wankte er auf dem beschneiten Pfade an dem Hause Ithamars, des Jägers, vorbei und wollte über die Brücke des Flusses nach seiner Wohnung, als dieser heraus stürzte und ihm zurief: „Wo hast Du das Holz her? Das Holz ist nicht Dein! Du hast mir's entwendet!"

Semnon erschrak. „Jäger, ich habe es nicht entwendet," stammelte er.

Ithamar. Lüge mir Nichts vor, Alter! Gestern erst fällte ich Holz; drüben im Walde liegt es, von diesem nahmst Du's! Her damit!

Semnon. Nein, Jäger! Ich habe es gesammelt, Reis vor Reis, redlich und recht.

Ithamar. Du lügst, alter Graukopf! Her damit!

Semnon. Seht nur, es sind ja lauter kleine dünne Reiser, die ich zusammentrug, wie ich sie unter den Bäumen im Schnee zerstreut fand.

Ithamar. Entwendet hast Du's! Was will ich Deine Lüge anhören?—Da riß er dem Greise ungestüm die Bürde vom Rücken und warf sie über die Brücke hinab dem Strom zum Spiele. „Nun ist der Streit zu Ende!" sagte er höhnisch und trabte wild in das Haus. Semnon sah ihm wehmüthig nach und wankte nassen Blickes von dannen.

Nach einigen Tagen ward die Luft wärmer. Der Eisstoß ging. Da schwammen die Stücke mächtig heran und bäumten sich krachend an den Jochen empor. Schollen zerborsten zu Schollen, und Trümmer zu Trümmer. Eisklöße sammelten sich sträubend zu Haufen und stemmten sich und schwellten die Wasser des reißenden Stromes.

Da kam Chalisson, Ithamars Sohn, aus der Stadt und wollte über die Brücke wandern. Aber er bebte unschlüssig und unentschlossen zurück, als er die Schauderscenen sah. Semnon selbst, der eben in der Gegend einen Kahn zimmerte, widerrieth ihm, sein Leben in die Todesgefahr zu wagen. Ithamar sah's. „Komm hurtig herüber," rief er trotzig, „die Brücke wird eben nicht brechen; weiß Gott, zu was Dich der alte Haderer noch verleiten würde! Komm herüber!" Chalisson lief. Stoß auf Stoß an die Brücke. Er wankte.—Noch ein Stoß. Jetzt fiel er nieder.—Nun wieder einer—da sank die Brücke und stürzte in das Wasser und— der Knabe mit. Wie entsetzte sich da der Vater drüben, wie jammerte Semnon, der Greis! Fürchterlich heulte im Flusse der Knabe und schrie um Hülfe. An einem Balken eingeklemmt, halb vom Eise erdrückt, riß ihn der Strom hin. Untröstlich lief der Jäger am Gestade umher, stampfte den Boden und schrie und rang muthlos die Hände. Wie konnte er hoffen, daß der Fischer den Unglücklichen retten würde?

Aber Semnon mit den Silberhaaren sprang beherzt in seinen Kahn und zwang ihn muthig durch die Schollen und durch die Tannenbalken der Brücke, riß den Knaben aus dem Strudel und brachte ihn glücklich an's Land. „Hier gebe ich Dir Deinen Sohn zurück," sagte er liebreich, in einem Tone, der Wölfe selbst bezähmt hätte: „Sieh, er ist frisch und gesund, nur ein wenig erschrocken." Ithamar getraute sich nicht, die Augen aufzuschlagen und stand lange beschämt und stumm da. „Vergieb mir, redlicher Greis," sprach er endlich sehr gerührt und mit einem Strome von Zähren, die ihm wider Willen die rauhen Wangen herabstürzten; „vergieb mir mein hartes Betragen!" „Was soll ich Dir vergeben?" erwiederte Semnon mit freundlicher Miene. „Hab ich mich denn nicht genug an Dir gerächt?"

Ithamar. Also war Wohlthun Deine Rache, beleidigter Mann?—Gott! rächt sich der Redliche so?—

Bronner.

98. Der Vater und die drei Söhne.

Von Jahren alt, an Gütern reich,
Theilt' einst ein Vater sein Vermögen
Und den mit Müh' erworb'nen Segen
Selbst unter die drei Söhne gleich.

„Ein Diamant ist's," sprach der Alte,
„Den ich für den von Euch behalte,
Der, mittelst einer schönen That,
Darauf den größten Anspruch hat."

Um diesen Anspruch zu erlangen,
Sieht man die Söhne sich zerstreu'n.
Drei Monden waren kaum vergangen,
Da stellten sie sich wieder ein.

D'rauf sprach der älteste der Brüder:
„Hört! es vertraut' ein fremder Mann
Sein Gut ohn' allen Schein mir an.
Ich gab es ihm getreulich wieder.
Sagt, war die That nicht lobenswerth?"

„Du thatst, mein Sohn, was sich gehört,"
Ließ sich der Vater hier vernehmen.
„Wer anders thut, der muß sich schämen.
Denn ehrlich sein, heißt uns die Pflicht.
Die That ist gut, doch edel nicht."

Der And're sprach: „Auf meiner Reise
Fiel einst ganz unachtsamer Weise
Ein armes Kind in einen See.
Ich aber zog es in die Höh'
Und rettete dem Kind des Leben.
Ein Dorf kann davon Zeugniß geben."

„Du thatest," sprach der Greis, „mein Kind,
Was wir als Menschen schuldig sind."

Der Jüngste sprach: „Bei seinen Schafen
War einst mein Feind fest eingeschlafen
An eines tiefen Abgrunds Rand;
„Sein Leben stand in meiner Hand;
Ich weckt' ihn und zog ihn zurücke."

„O!" rief der Greis mit holdem Blicke,
„Der Ring ist Dein! Welch' edler Muth,
Wenn man den Feinden Gutes thut."

Lichtwer.

99. Sprichwörter und Denksprüche.

Aller Anfang ist schwer.—Allzuviel ist ungesund.—An vielem
Lachen erkennt man einen Narren.—An Gottes Segen ist Alles ge=
legen.—Böse Beispiele verderben gute Sitten.—Der Klügste giebt
nach.—Der Apfel fällt nicht weit vom Stamme.—Der Hehler ist
so gut wie der Stehler.—Der Schein trügt.—Der Krug geht so
lange zu Wasser, bis er zerbricht.—Der Horcher an der Wand hört
seine eig'ne Schand'.—Ehrlich währt am längsten.—Eine Hand
wäscht die andere.—Es ist nicht Alles Gold, was glänzt.—Ein gu=
tes Wort findet einen guten Ort.—Eig'nes Lob stinkt, fremdes Lob
klingt.—Gleich und gleich gesellt sich gern.—Jung gewohnt, alt
gethan.—Junge Schlemmer, alte Bettler.—Kaufe in der Zeit, so
hast du in der Noth.—Kommt Zeit, kommt Rath.—Man muß das
Eisen schmieden, wenn es warm ist.—Morgenstunde hat Gold im
Munde.—Müßiggang ist aller Laster Anfang.—Nach gethaner Ar=
beit ist gut ruhen.—Recht thun, läßt sanft ruhn.—Stille Wasser
sind tief.—Spare in der Zeit, so hast du in der Noth.—Uebung
macht den Meister.—Viel Köpfe, viel Sinne.—Wie die Arbeit, so
der Lohn.—Wie gewonnen, so zerronnen.— Wer Pech angreift, be=
sudelt sich.—Wer nicht hören will, muß fühlen.—Wer Andern eine
Grube gräbt, fällt oft selbst hinein.—Wer sich in Gefahr begiebt,
kommt darin um.—Wohlgeschmack bringt Bettelsack.—Wie man's
treibt, so geht's.—Wer A sagt, muß auch B sagen.—Zeit bringt
Rosen.

Artig, fleißig, folgsam, rein müssen gute Kinder sein.—Bin
ich gleich noch jung und klein, kann ich doch schon fleißig sein.—Den
Baum gebogen jung und zart, im Alter wird er fest und hart.—

Die Alten ehre stets! Du bleibst nicht immer Kind: Sie waren,
was du bist, und du wirst, was sie sind.—Die Wahrheit rede stets,
und wag es nie zu lügen; du kannst die Menschen zwar, doch nie-
mals Gott betrügen.—Einem Lügner glaubt man nicht, wenn er
auch die Wahrheit spricht.—Glück und Glas wie leicht bricht das.
—Gute Sprüche, weise Lehren muß man üben, nicht blos hören.—
Geh' treu und redlich durch die Welt; das ist das beste Reisegeld.—
Lerne Ordnung, liebe sie, Ordnung spart dir Zeit und Müh.—
Morgen, morgen, nur nicht heute, sprechen alle trägen Leute.—
Quäle nie ein Thier zum Scherz, denn es fühlt wie du den Schmerz.
Vorgethan und nachbedacht, hat Manchen in groß Leid gebracht.—
Versprechen und halten ziemt Jungen und Alten.—Was du nicht
willst, das dir geschieht, das thu' auch einem Andern nicht.—Wer
viel am Tage Gutes thut, dem ist am Abend wohl zu Muth.

100. Der grüne Esel.

Wie oft weiß nicht ein Narr durch thöricht Unternehmen
Viel tausend Thoren zu beschämen!

Neran, ein kluger Narr, färbt einen Esel grün,
Am Leibe grün, roth an den Beinen,
Fängt an, mit ihm die Gassen zu durchziehn:
Er zieht, und Jung und Alt erscheinen.
„Welch' Wunder!" rief die ganze Stadt,
„Ein Esel, zeisiggrün, der rothe Füße hat!
Das muß die Chronik einst den Enkeln noch erzählen,
Was es zu unsrer Zeit für Wunderdinge gab!"
Die Gassen wimmelten von Millionen Seelen:
Man hebt die Fenster aus, man deckt die Dächer ab;
Denn Alles will den grünen Esel seh'n,
Und Alle konnten doch nicht mit dem Esel geh'n.
Man lief die ersten beiden Tage
Dem Esel mit Bewund'rung nach.
Der Kranke selbst vergaß der Krankheit Plage,
Wenn man vom grünen Esel sprach.
Die Kinder in den Schlaf zu bringen,
Sang keine Wärt'rin mehr vom schwarzen Schaf:
Vom grünen Esel hört man singen,
Und so geräth das Kind in Schlaf.

Drei Tage waren kaum vergangen,
So war es um den Werth des armen Thier's gescheh'n:
Das Volk bezeigte kein Verlangen,
Den grünen Esel mehr zu seh'n,
Und so bewunderswerth er anfangs Allen schien,
So dacht' doch jetzt kein Mensch mit einer Sylb' an ihn.

Gellert.

101. Die Geschichte des alten Wolfes.

1.

Der böse Wolf war zu Jahren gekommen und faßte den gleißenden Entschluß, mit den Schäfern auf einem guten Fuß zu leben. Er machte sich also auf und kam zu dem Schäfer, dessen Hürden seiner Höhle die nächsten waren. „Schäfer," sprach er, „Du nennest mich den blutgierigen Räuber, der ich doch wirklich nicht bin. Freilich muß ich mich an Deine Schafe halten, wenn mich hungert; denn Hunger thut weh. Schütze mich vor dem Hunger, mache mich nur satt und Du sollst mit mir wohl zufrieden sein. Ich bin wirklich das zahmste, sanftmüthigste Thier, wenn ich satt bin." „Wenn Du satt bist! Das kann wohl sein," versetzte der Schäfer. „Aber wann bist Du denn satt? Du und der Geiz werden es nie. Geh' Deinen Weg!"

2.

Der abgewiesene Wolf kam zu einem zweiten Schäfer. „Du weißt, Schäfer," war seine Anrede, „daß ich Dir das Jahr hindurch manches Schaf würgen könnte. Willst Du mir überhaupt jedes Jahr sechs Schafe geben, so bin ich zufrieden. Du kannst alsdann sicher schlafen und die Hunde ohne Bedenken abschaffen." „Sechs Schafe?" sprach der Schäfer, „das ist ja eine ganze Heerde!" „Nun, weil Du es bist, so will ich mich mit fünf begnügen," sagte der Wolf. „Du scherzest! fünf Schafe! Mehr als fünf Schafe opfere ich kaum im ganzen Jahre dem Pan." „Auch nicht vier?" fragte der Wolf weiter, und der Schäfer schüttelte spöttisch den Kopf. „Drei? Zwei?" „Nicht ein einziges!" fiel endlich der Bescheid. „Denn es wäre ja wohl thöricht, wenn ich mich einem Feinde zinsbar machte, vor welchem ich mich durch meine Wachsamkeit sichern kann."

3.

„Aller guten Dinge sind drei," dachte der Wolf und kam zum dritten Schäfer. „Es geht mir recht nahe," sprach er, „daß ich unter Euch Schäfern als das grausamste Thier verschrieen bin. Dir, Montan, will ich jetzt beweisen, wie Unrecht man mir thut. Gieb mir jährlich ein Schaf, so soll Deine Heerde in jenem Walde, den Niemand unsicher macht, als ich, frei und unbeschädigt weiden dürfen. Ein Schaf! Welche Kleinigkeit! Könnte ich großmüthiger, könnte ich uneigennütziger handeln? Du lachst, Schäfer? Worüber lachst Du denn?" „O, über Nichts. Aber wie alt bist Du, guter Freund?" sprach der Schäfer. „Was geht Dich mein Alter an? Immer noch jung genug, Dir Deine liebsten Lämmer zu würgen." „Erzürne Dich nicht, alter Isegrimm! Es thut mir leid, daß Du mit Deinem Vorschlage einige Jahre zu spät kommst. Deine ausgebissenen Zähne verrathen Dich. Du spielst den Uneigennützigen, bloß um Dich desto gemächlicher und mit desto weniger Gefahr nähren zu können."

4.

Der Wolf ward ärgerlich, faßte sich aber doch und ging zu dem vierten Schäfer. Diesem war eben sein treuer Hund gestorben und der Wolf machte sich den Umstand zu Nutze. „Schäfer," sprach er, „ich habe mich mit meinen Brüdern im Walde veruneinigt und so, daß ich mich in Ewigkeit nicht wieder mit ihnen aussöhnen werde. Du weißt, wie viel Du von ihnen zu fürchten hast. Wenn Du mich aber anstatt Deines verstorbenen Hundes in Dienst nehmen willst, so stehe ich Dir dafür, daß sie keines Deiner Schafe auch nur scheel ansehen sollen." „Du willst sie also," versetzte der Schäfer, „gegen Deine Brüder im Walde beschützen?" „Was meine ich denn sonst? Freilich." „Das wäre nicht übel! Aber, wenn ich Dich nun in meine Hürden einnähme, sage mir doch, wer sollte alsdann meine armen Schafe gegen Dich beschützen? Einen Dieb in's Haus nehmen, um vor den Dieben außer dem Hause sicher zu sein, das halten wir Menschen ...." „Ich höre schon," sagte der Wolf, „Du fängst an zu moralisiren. Lebe wohl!"

5.

„Wäre ich nicht so alt!" knirschte der Wolf, „aber ich muß mich leider in die Zeit schicken." Und so kam er zu dem fünften Schäfer. „Kennst Du mich, Schäfer?" fragte der Wolf. „Deinesgleichen wenigstens kenne ich," versetzte der Schäfer. „Meines Gleichen? Daran zweifle ich sehr. Ich bin ein so sonderbarer Wolf, daß ich Deiner und aller Schäfer Freundschaft wohl werth bin." „Und wie sonderbar bist Du denn?" „Ich könnte kein lebendiges Schaf würgen und fressen und wenn es mir das Leben kosten sollte. Ich nähre mich bloß von todten Schafen. Ist das nicht löblich? Erlaube mir also immer, daß ich mich dann und wann bei Deiner Heerde einfinden und nachfragen darf, ob Dir nicht ...." "Spare Deine Worte!" sagte der Schäfer, "Du müßtest gar keine Schafe fressen, auch nicht einmal todte, wenn ich Dein Feind nicht sein sollte. Ein Thier, das mir schon todte Schafe frißt, lernt leicht aus Hunger kranke Schafe für todt und gesunde Schafe für krank ansehen. Mache also auf meine Freundschaft keine Rechnung und geh!"

6.

"Ich muß nun mein Liebstes daran wenden, um zu meinem Zwecke zu gelangen," dachte der Wolf und kam zu dem sechsten Schäfer. "Schäfer, wie gefällt Dir mein Pelz?" fragte der Wolf. "Dein Pelz?" sagte der Schäfer. "Laß sehen! Er ist schön; die Hunde müssen Dich nicht oft unter gehabt haben!" "Nun so höre, Schäfer; ich bin alt und werde es nicht mehr so lange treiben. Füttere mich zu Tode und ich vermache Dir meinen Pelz." "Ei, sieh doch!" sagte der Schäfer. "Kömmst Du auch hinter die Schliche der alten Geizhälse? Nein, nein; Dein Pelz würde mir am Ende siebenmal mehr kosten, als er werth wäre. Ist es Dir aber ein Ernst, mir ein Geschenk damit zu machen, so gieb mir ihn gleich jetzt." Hiermit griff der Schäfer nach der Keule und der Wolf entfloh.

7.

O die Unbarmherzigen!" schrie der Wolf und gerieth in die äußerste Wuth. "So will ich auch als ihr Feind sterben, ehe mich der Hunger tödtet; denn sie wollen es nicht besser!" Er lief, brach in die Wohnungen der Schäfer ein, riß ihre Kinder nieder und ward nicht ohne große Mühe erschlagen. Da sprach der Weiseste von ihnen: "Wir thaten doch wohl Unrecht, daß wir den alten Räuber auf das Aeußerste brachten und ihm alle Mittel zur Besserung, so spät und erzwungen sie auch war, benahmen."

102. Der Wolf, der Fuchs und das wilde Schwein.

Um eine Hürde schlich bei sternenloser Nacht
Ein abgezehrter Wolf und fiel in einen Schacht.
Sein gräßliches Geheul durchhallte Feld und Haide.
Die Schafe hörten es und hörten es voll Freude.
Ein Glück, daß jetzt sein Freund, der Fuchs, vorüberlief!

Dem ruft er: „Hilf mir Freund! Denk, ich erhielt dein Leben,
Als dich ein grausam Heer von Hunden schon umgeben!“—
„Ach! könnt' ich,“ spricht der Fuchs, „wie willig thät ich's doch!
Allein, nah' ich mich dir, so stürz ich selbst in's Loch.
Gehab' dich wohl!“—Er flieht. Nun kommt ein tapf'rer Hauer.
Den schon halb todten Wolf befällt ein kalter Schauer,
Denn dieser war ihm gram. Jedoch das wilde Schwein
Schämt sich, des Gegners Feind in seiner Noth zu sein.
Der lange Rüssel wühlt; die Grube wird voll Erde,
Der Wolf entflieht, er schreckt auf's neu die Wollenheerde,
Und denket bei sich selbst: „Ein edelmüth'ger Feind
Nützt mehr in der Gefahr, als ein verzagter Freund.

Schlegel.

103. Der freiwillige Soldat.

Fritz. Herr Hauptmann! meinen Bruder Philipp Horst hat heute bei der Rekrutenmusterung das Loos getroffen. Er ist untröstlich.

Hauptmann. Das kümmert mich wenig.

Fritz. Mich aber desto mehr, Herr Hauptmann! Er ist mein Bruder.

Hauptmann. Soll ich jeden schwachen Bruder der Mutter lassen?

Fritz. Das nicht, aber für den furchtsamen lieber den beherzten nehmen.

Hauptmann. Bist Du der beherzte?

Fritz. Ja, Herr Hauptmann!

Hauptmann. Wenigstens hast Du eine tapfere Zunge.

Fritz. Auch eine tapfere Faust, wie Sie erfahren werden.

Hauptmann. Hast Du schon oft Gebrauch von ihr gemacht?

Fritz. Zur Arbeit? Ja! aber nicht zu Schlägereien.

Hauptmann. Und Du willst nun für Deinen Bruder Soldat werden?

Fritz. Ja, Herr Hauptmann!

Hauptmann. Und bei dem ersten Gefecht davonlaufen?

Fritz. Nein, Herr Hauptmann! Man entläuft zwar der Kugel, aber nicht der Schande.

Hauptmann. Seht mir doch den jungen Leonidas! Hältst Du wirklich so viel auf Ehre?

Fritz. So viel als der bravste Offizier.

Hauptmann. Nun, so verdienst Du einer zu werden.

Fritz. Das ist mein Plan nicht, Herr Hauptmann! Ich will für meinen Bruder dienen und dann zur Profession zurück= kehren.

Hauptmann. Hast Du sie schon ausgelernt?

Fritz. Nicht ganz, aber mein Meister wird das fehlende halbe Jährchen mir schenken.

Hauptmann. Das soll er nicht! Ich gebe Dir noch ein Jahr Frist. Aber wisse: ich habe ein gutes Gedächtniß; Du wirst nicht vergessen!

Fritz. Das wünsch' ich auch nicht. Ich werde ungefordert mich stellen, sobald meine Lehrzeit um ist.

Hauptmann. Sind auch die Aeltern mit Deinem Ent= schlusse zufrieden?

Fritz. Sie werden es sein, wenn sie sehen, daß ich der Fahne freiwillig und freudig folge.

Aus Diesterweg's Lesebuche.

104. Die Tabackspfeife.

„Gott grüß Euch, Alter! Schmeckt das Pfeifchen?
Weist her!—Ein Blumentopf
Von rothem Thon, mit gold'nen Reifchen!
Was wollt Ihr für den Kopf?"—

„O Herr! den Kopf kann ich nicht lassen,
Er kommt vom bravsten Mann,
Der ihn, Gott weiß es! einem Bassen
Bei Belgrad abgewann.

„Da, Herr! da gab es rechte Beute,
Es lebe Prinz Eugen!
Wie Grummet sah man uns're Leute
Der Türken Glieder mäh'n!"—

„Ein ander Mal von Euren Thaten:
Hier Alter! Seid kein Tropf!
Nehmt diesen doppelten Dukaten
Für Euren Pfeifenkopf."—

„Ich bin ein alter Kerl und lebe
Von meinem Gnadensold;

5

Doch, Herr! den Pfeifenkopf, den gebe
Ich nicht für alles Gold.

Hört nur! Einst jagten wir Husaren
Den Feind nach Herzenslust,
Da schoß ein Hund von Janitscharen
Den Hauptmann in die Brust.

Ich hob ihn flugs auf meinen Schimmel—
Er hätt' es auch gethan—
Und trug ihn sanft aus dem Getümmel
Zu einem Edelmann.

Ich pflegte sein. Vor seinem Ende
Reicht' er mir all' sein Geld
Und diesen Kopf, drückt' mir die Hände
Und blieb im Tod noch Held.

Das Geld mußt du dem Wirthe schenken,
Der dreimal Plünd'rung litt,
So dacht' ich, und zum Angedenken
Nahm ich die Pfeife mit.

Ich trug auf allen meinen Zügen
Sie wie ein Heiligthum,
Wir mochten weichen oder siegen,
Im Stiefel mit herum.

Vor Prag verlor ich auf der Streife
Das Bein durch einen Schuß,
Da griff ich erst nach meiner Pfeife
Und dann nach meinem Fuß."—

„Ihr rührt mich, Freund! fast bis zu Zähren,
O sagt, wie hieß der Mann?
Damit auch mein Herz ihn verehren
Und ihn beweinen kann."

„Man hieß ihn nur den tapfern Walther,
Dort lag sein Gut am Rhein!"—
„Das war mein Ahne, lieber Alter!
Und jenes Gut ist mein!

Kommt, Freund! Ihr sollt bei mir nun leben,
Vergesset Eure Noth;
Kommt, trinkt mit mir von Walthers Reben
Und eßt von Walthers Brod!"

„Nun, topp! Ihr seid sein wack'rer Erbe,
Ich ziehe morgen ein,
Und Euer Dank soll, wenn ich sterbe,
Die Türkenpfeife sein."

Pfeffel.

105. Sprüchwörter und Denksprüche.

Auf einen Hieb fällt kein Baum.—Borgen macht Sorgen.—
Besser Unrecht leiden, als Unrecht thun.—Besser arm mit Ehren,
als reich mit Schande.—Der Hunger ist der beste Koch.—Der
Mensch denkt's, Gott lenkt's.—Durch Schaden wird man klug.—
Das Ei will oft klüger sein, als die Henne.—Ende gut, Alles gut.
—Ehre verloren, Alles verloren.—Ein schlafender Fuchs fängt kein
Huhn.—Ein Mann, Ein Wort.—Frisch gewagt, ist halb gewonnen.
—Friede ernährt, Unfriede verzehrt.—Gute Waare ruft den Käu-
fer.—Je lieber das Kind, desto schärfer die Ruthe.

Je größer die Noth, je näher ist Gott.—Kurze Lust, lange
Reue.—Man muß den Baum biegen, so lange er jung ist.—Man
kann des Guten nicht zu viel thun.—Mitgegangen, mitgefangen,
mitgehangen.—Stolz voran, Schande hintennach.—Salz und Brod
macht Wangen roth.—Strenge Herren regieren nicht lange.—Thue
nichts Böses, so widerfährt dir nichts Böses.—Treue Hand geht
durch's ganze Land.—Unrecht Gut gedeiht nicht.—Wer lügt, der
stiehlt.—Wer hoch steigt, fällt oft tief.—Wem nicht zu rathen ist,
dem ist auch nicht zu helfen.—Wer durch die Welt will, muß sich
bücken.—Wie der Herr, so der Knecht.

Arbeit macht uns frohe Tage, Trägheit wird uns selbst zur
Plage.—Den Geschickten hält man werth, den Ungeschickten Nie-
mand begehrt.—Die Werke zeigen an, was Jeder leisten kann.—
Es wird Nichts so fein gesponnen, es kommt doch endlich an die
Sonnen.—Fleiß bringt Brod, Faulheit Noth.—Frage nicht, was
And're machen, sieh auf deine eig'nen Sachen.—Hoffen und Harren
macht Manchen zum Narren.—Iß und trink' mit Maß und Freu-
den, Uebermaß muß Schmerzen leiden.—Leiden währt nicht immer;
Ungeduld macht's schlimmer.—Lust und Lieb' zu einem Ding' macht

dir alle Müh' gering.—Mit dem Hute in der Hand kommt man durch das ganze Land.—Rein und ganz giebt schlechtem Kleide Glanz.—Stiller Mund und treue Hand gehen durch das ganze Land.—Wer den Heller nicht ehrt, ist des Groschens nicht werth.

106. Oben und unten.

Ein Britte war zu eb'ner Erde
In einem Hause einlogirt,
Und ward von mancherlei Beschwerde
Des Körpers arg incommodirt.
Sein Arzt, ein kunsterfahr'ner Mann,
Rieth ihm als Kur—Bewegung an.

„Die will ich mir auch wirklich machen,"
Spricht jener, „doch mich schmerzt mein Bein,
Und alle Leute würden lachen,
Wollt' ich als Lahmer Läufer sein.
Sonst ging ich fleißig auf die Jagd,
Jetzt ist's vorbei, Gott sei's geklagt!

Doch kann ich auch im Zimmer jagen,
Man fange mir nur Hasen ein,
Und lasse junge Bäume schlagen,
Die Zimmer sind als Wald dann mein;
Auch schaffe man mir Hunde an,
Daß ich wie eh'mals jagen kann."

Im selbstgeschaffenen Gehege
Ward nun ein solcher Lärm gemacht,
Als ob der wilde Jäger zöge
Vom Morgen an bis in die Nacht;
Vom Hundebellen, Hörnerschall,
Vom Hurrahschrei'n und Peitschenknall.

Gleich über diesen Jagdrevieren
Logirte ein Philosophus,
Dem machte dieses Mordturnieren
Sehr viele Störung und Verdruß.
D'rum kam er bei dem Britten ein,
Er möge unten ruhig sein.

„Was ich in meinem Zimmer mache,
Das kümmert keinen Andern was,“
Spricht jener, „das ist meine Sache,
Mir macht einmal das Jagen Spaß,
Nicht einen Tag wird's eingestellt!
Herr, morgen wird ein Fuchs geprellt!“

Und ohne noch ein Wort zu sagen,
Schleicht sich der Philosoph davon;
Er dachte, sollst du dich hier schlagen?
Das gälte wohl der Mühe Lohn!
Wenn er genug gelärmet hat,
Wird er des Jagens selbst schon satt.

Auf einmal träufelten die Decken
Des Britten und in Bächen floß
Ein Wasserstrom aus allen Ecken
Herab vom oberen Geschoß,
So daß in Kurzem Stub' und Wand
Des Britten unter Wasser stand.

Und unter Schimpfen, unter Fluchen,
Eilt' er die Treppe jetzt hinan,
Die Sache selbst zu untersuchen,
Wer ihm den Schabernack gethan.
Doch wie versteinert stand er da,
Als er jetzt die Geschichte sah!

Der Philosoph saß auf dem Tische
Und angelte. Im Zimmer war
Viel Wasser, und in diesem Fische;
Die Dienerschaft trug immerdar
In großen Kübeln ohne Ruh'
Noch neuen Vorrath Wasser zu.

„Herr, lassen Sie die Narrenstreiche!
Rief jetzt der Britte voll Verdruß.
„Sie machen meinen Forst zum Teiche,
Daß ich darin ersaufen muß.
Und das geht doch fürwahr nicht an,
Daß ich so etwas dulden kann!“

„Was ich in meinem Zimmer treibe
Das kümmert keinen Andern was,

Ob ich hier lese oder schreibe,
Mir macht einmal das Fischen Spaß.
Nicht einen Tag wird's ausgesetzt!
Herr, morgen wird ein Aal gehetzt!

Doch, daß Sie sehen, ich sei billig,
So lassen Sie das Jagen sein,
Und ich dagegen stelle willig
Mein Lieblingsfach, das Fischen ein."
„Es gilt!" hob Jener lachend an,
Und so war Alles abgethan.

Wagemann.

107. Die beiden Weiber.

Peter und Rudi hatten in gleichem Jahre Hochzeit. Beide besaßen ungefähr gleiches Vermögen und Beide waren brave, fleißige Männer. Weibergut gab es bei Beiden nicht viel.—Aber Rudi steht sich heute noch wohl und Peter ist verarmt. Woher das?

Rudi's Frau verstand ihre Sache. Sie hatte nähen gelernt. War wo die Naht aufgegangen, hatte es irgendwo einen Riß gegeben, mit zwei Nadelstichen war Alles gemacht. Man sah es nicht. Die alten Kleider schienen immer neu, weil nie das Mindeste daran zerrissen war; und weil die Kleider immer im guten Zustande waren, wurden sie auch säuberlich gehalten. Da ward mit Nagel und Zwirn mancher Rock gespart, und Vater, Mutter und Kinder gingen allezeit reinlich, wie vornehme Leute.—Aber Peter's Frau verstand davon Nichts. War die Naht aufgegangen, oder ein Riß da, so ließ man es hängen. Das Loch ward ein großes und dann aus dem neuen Kittel bald ein alter. Das Loch im Strumpfe ward weit, bis es unheilbar wurde. Da gingen die Leute immer zerfetzt mit ihren Kindern; und weil man den Fetzen nicht schonte, hielt man sie auch nicht für sauber. Da mußte oft Neues angeschafft werden und das kostete Geld, und Peter mit Weib und Kindern gingen doch immer wie Bettler.

Rudi's Frau verstand ihre Sache. Sie hatte gärtnern gelernt und wußte im Garten mit dem Gemüse umzugehen. Sie hatte allezeit gesunde Kost und Alles war schmackhaft und reinlich und kostete wenig.—Aber Peter's Frau verstand von dem Nichts. Ihr Garten sah liederlich aus und ihre Küche glich einem Stalle. Wenn sie kochte, brauchte sie dreimal mehr Zuthat, als Rudi's Frau und es blieb doch ein elendes Essen und machte verdorbene Magen und ungesundes Blut. Zum Essen brauchte sie Geld und zum Doktern auch.—Wie es denn geht; Eins greift ins Andere. Wer sich im Hause um den Nagel nicht kümmert, dem fallen endlich die Spar= ren, und wo das Dach rinnt, fällt die Hütte ein. Mit Peter's Hauswesen ging's den Krebsgang. Das ärgerte ihn. Er wußte nicht, woran es lag. Aus Verdruß fing er an zu trinken. Im Wirthshause gefiel es ihm besser, als daheim im Stalle. Er machte Schulden und dachte: Ich will's schon wieder einbringen. Aber seine Frau konnte nicht kochen und nähen und verstand die Haus= haltung nicht. Da ward dem Peter Alles versteigert, aber aus seinen Lumpen ward Nichts gelöst.

Rudi aber hatte Segen im Hause. Er schaffte wenig Neues an und behielt das Geld; aber das Alte war bei ihm allezeit rein= lich, sauber, ausgebessert, wie neu. Jedermann hielt ihn daher für noch reicher, als er war; das machte den Leuten Vertrauen zu ihm und Kredit ist oft besser, als Geld.

Zschokke.

108. Die alte Waschfrau.

Du siehst geschäftig bei dem Linnen
Die Alte dort in weißem Haar,
Die rüstigste der Wäscherinnen
Im sechsundsiebenzigsten Jahr.
So hat sie stets mit saurem Schweiß
Ihr Brod in Ehr' und Zucht gegessen,
Und ausgefüllt mit treuem Fleiß
Den Kreis, den Gott ihr zugemessen.

Sie hat in ihren jungen Tagen
Geliebt, gehofft und sich vermählt;
Sie hat des Weibes Loos getragen,
Die Sorgen haben nicht gefehlt;
Sie hat den kranken Mann gepflegt;
Sie hat drei Kinder ihm geboren;
Sie hat ihn in das Grab gelegt
Und Glaub' und Hoffnung nicht verloren.

Da galt's, die Kinder zu ernähren;
Sie griff es an mit heiterm Muth,
Sie zog sie auf in Zucht und Ehren,
Der Fleiß, die Ordnung sind ihr Gut.

Zu suchen ihren Unterhalt,
Entließ sie segnend ihre Lieben,
So stand sie nun allein und alt,
Ihr war ihr heit'rer Muth geblieben.

Sie hat gespart und hat gesonnen
Und Flachs gekauft und Nachts gewacht,
Den Flachs zu feinem Garn gesponnen,
Das Garn dem Weber hingebracht;
Der hat's gewebt zu Leinewand;
Die Scheere brauchte sie, die Nadel,
Und nähte sich mit eig'ner Hand
Ihr Sterbehemde sonder Tadel.

Ihr Hemd, ihr Sterbehemd, sie schätzt es,
Verwahrt's im Schrein am Ehrenplatz;
Es ist ihr Erstes und ihr Letztes,
Ihr Kleinod, ihr ersparter Schatz.
Sie legt es an, des Herren Wort
Am Sonntag früh sich einzuprägen;
Dann legt sie's wohlgefällig fort,
Bis sie darin zur Ruh' sie legen.

Und ich, an meinem Abend, wollte,
Ich hätte, diesem Weibe gleich,
Erfüllt, was ich erfüllen sollte
In meinen Gränzen und Bereich;
Ich wollt', ich hätte so gewußt
Am Kelch des Lebens mich zu laben,
Und könnt' am Ende gleiche Lust
An meinem Sterbehemde haben.

Chamisso.

109. Der Geburtstag der Mutter.

In dem Hause des Lehrers Bleibtreu war der Geburtstag der Mutter jedesmal ein Tag allgemeiner Freude und schon von fern schimmerte er allen Hausgenossen im rosigen Lichte. Die Kinder bemühten sich um die Wette, die Mutter mit einem Geschenk zu überraschen. Die Mädchen arbeiteten heimlich mit den Händen ihre kleinen Gaben und die Knaben sparten ihr Taschengeld, um der Mutter Etwas zu kaufen. Alle aber überreichten auch schriftlich ihre Glückwünsche. Da war Freude und Wonne überall; denn wo die Liebe waltet, da wohnt der Himmel.

War nun der langersehnte Geburtstagsmorgen erschienen, so traten die Kinder mit Dank und Rührung vor die geliebte Mutter hin. „Heil und Segen Dir, über Alles geliebte Mutter!" sprach ein Kind. „Hier bring ich Dir eine Kleinigkeit zu Deinem Geburtstage," sprach ein anderes; „ich möchte Dir gern zeigen, daß ich Deine Liebe empfinde." „Ich will Dir auch immer Freude zu machen suchen," sprach ein drittes. „Behalte mich auch so lieb, wie ich Dich habe, geliebte Mutter!" redeten andere. Und der kleine Adolf konnte Nichts weiter hervorbringen, als stammeln: „Liebe, liebe Mutter!"

Die Mutter drückte die Kinder an ihr Herz und segnete sie im Stillen. „Bleibet nur immer brav und gut und denket immer an den lieben Gott, wie er uns mit den höchsten Gnaden überschüttet," sprach sie voll Rührung und sie freute sich innig über diese Gesinnung ihrer Geliebten.—Alles war jedesmal den ganzen Geburtstag voll Freude und Dank und für keinen Mitfeiernden ging der Tag ohne Segen vorüber.

110. Das Erkennen.

Ein Wanderbursch mit dem Stab' in der Hand
Kommt wieder heim aus dem fremden Land;
Sein Haar ist bestäubt, sein Antlitz verbrannt,
Von wem wird der Bursch' wohl zuerst erkannt?

So tritt er in's Städtchen durch's alte Thor,
Am Schlagbaum lehnet der Zöllner davor.
Der Zöllner, der war ihm ein lieber Freund,
Oft saßen früher die Beiden vereint.

Doch siehe, der Zöllner erkennt ihn nicht,
Die Sonn' hat zu sehr ihm verbrannt das Gesicht.
Und weiter geht er die Straßen entlang,
Eine Thräne hängt ihm an bleicher Wang'.

Da thut seine Schwester ihr Fenster auf,
Und er winkt mit dem herzlichsten Gruß hinauf.
Doch sieh'—auch die Schwester erkennt ihn nicht,
Die Sonn' hat zu sehr ihm verbrannt das Gesicht!

Und weiter geht er die Straßen entlang,
Benetzt von Thränen die bleiche Wang'!
Da wankt von der Kirche sein Mütterchen her.
„Gott grüß' Euch!“ so spricht er und sonst nichts mehr.

Doch siehe—das Mütterchen schluchzt voll Lust:
„Mein Sohn!“ und sinkt an des Sohnes Brust.
Wie sehr auch die Sonne sein Antlitz verbrannt—
Das Mutterherz hat ihn doch gleich erkannt.

Vogl.

111. Das Angebinde.

Als nun die Zeit erfüllet war und der Geburtstag des Vaters herbeikam, so sammelten die drei jüngsten Kinder Blumen, die allerschönsten, ganz heimlich und flochten sie, daß es der Vater nicht sah, zum schönen Kranze und konnten die ganze Nacht kein Auge zuthun. Als der Tag anbrach, gingen sie alle drei in des Vaters Kämmerlein, mit bloßen Füßen, daß es der Vater nicht höre, und trugen den Blumenkranz alle drei und legten ihn auf des Vaters Bett leise, daß es der Vater nicht merke. Der Vater merkte es wohl, aber er stellte sich, als schliefe er.

Und als es Morgen war, da kam der Vater und hatte den schönen Blumenkranz und sagte: „Wo sind die Engelein, die mich bekränzt haben in der Nacht, da ich schlief?“—Und die Kinder kamen und hingen an ihm, küßten den Vater und waren voll Freude. —Da kam ein Mann, ein Bote, der brachte ein feines rundes Fäßchen mit Reifen, darin war schöner Wein, das Herz des Vaters zu erfreuen. Da war der Vater vergnügt, als er sah, daß der älteste Sohn es gesendet, und die Kinder tanzten vor Freude um den Vater. Danach trat der Vater an den Tisch und fand ein feines, großes Blatt; darauf war ein schöner frommer Gesang von dem zweiten Sohne, der eben heim gekommen war von der Hochschule. Und als der Vater las, lächelte er und seine Thränen fielen auf das Blatt.

Da sahen die drei Kinder den Vater an und sagten: „Nicht wahr, lieber Vater, wir können noch Nichts geben und Nichts fertigen! Wir sind noch zu klein!“—Der Vater aber nahm sie alle drei, das Mägdlein und die beiden Knaben und drückte sie an sein Herz und sagte: „O denket nicht, daß Eure Gabe gering sei in meinen Augen! Schlagen doch Eure kleinen Herzen so gut wie die Anderen und mein Vaterherz für Euch Alle!“

Krummacher.

112. Der Liebe Dauer.

O lieb', so lang' du lieben kannst,
O lieb', so lang' du lieben magst,
Die Stunde kommt, die Stunde kommt,
Wo du an Gräbern stehst und klagst.

Und sorge, daß dein Herze glüht
Und Liebe hegt und Liebe trägt,
So lang' ihm noch ein and'res Herz
In Liebe warm entgegenschlägt.

Und wer dir seine Brust verschließt,
O thu' ihm, was du kannst, zu lieb
Und mach' ihm jede Stunde froh
Und mach' ihm keine Stunde trüb.

Und hüte deine Zunge wohl,
Bald ist ein böses Wort gesagt;
O Gott, es war nicht bös gemeint,
Der And're aber geht und klagt.

O lieb', so lang' du lieben kannst,
O lieb', so lang' du lieben magst,
Die Stunde kommt, die Stunde kommt,
Wo du an Gräbern stehst und klagst.

Dann kniest du nieder an der Gruft
Und birgst die Augen trüb' und naß—
Sie seh'n den Andern nimmermehr—
In's lange, feuchte Kirchhofsgras.

Und sprichst: „O schau auf mich herab,
Der hier an deinem Grabe weint;
Vergieb, daß ich gekränkt dich hab',
O Gott, es war nicht bös gemeint."

Er aber sieht und hört dich nicht,
Kommt nicht, daß du ihn froh empfängst,
Der Mund, der oft dich küßte, spricht
Nie wieder: „Ich vergab dir längst!"

Er that's, vergab dir lange schon,
Doch manche heiße Thräne fiel

Um dich und um dein herbes Wort;
Doch still—er ruht und ist am Ziel.

O lieb', so lang' du lieben kannst,
O lieb', so lang' du lieben magst,
Die Stunde kommt, die Stunde kommt,
Wo du an Gräbern stehst und klagst.

Freiligrath.

113. Väterlicher Abschied.

Ein Vater lag, den letzten Zügen nahe, auf seinem Sterbebette. Seine Kinder: Heinrich, Christian und Marie standen schluchzend umher. Seine alte Gattin wischte ihm den kalten Schweiß von der Stirne und jeder Augenblick schien der letzte zu sein. Auf einmal kehrten seine Lebensgeister zurück. Es war, als erwachte er vom Tode. Er winkte mit der Hand und Alle bogen sich über das Bett, um die letzten Worte des Sterbenden zu hören. „Kinder," sprach er mit gebrochener Stimme, die Hand, die mir den Todtenschweiß von der Stirne wischt, hat mir und Euch viel Gutes erwiesen. Vergeßt nicht: Des Vaters Segen baut den Kindern Häuser, aber der Mutter Fluch reißet sie nieder. Verdienet ihren Segen wie den meinigen. (Er zieht die Hand der weinenden Mutter an seine blassen Lippen.) Tausend Dank!—Leb' wohl bis auf's Wiedersehen, Du treue Gefährtin meines Lebens!

Kinder, Ihr seid arm, wie es auch Euer Vater war. Aber Gott hat mich nicht verlassen, und er wird Euch auch nicht verlassen, wenn Ihr ihn nicht verlasset. Weinet nicht so sehr um mich; denn ich gehe ja zu einem Vater, der bis jetzt so treulich für Euch gesorgt hat und auch künftig für Euch sorgen wird.

Höret jetzt noch einmal auf meine Worte, nehmet sie zu Herzen, denn es sind die Worte Eures sterbenden Vaters; nehmet sie zu Herzen selbst dann, wenn sie Euch vielleicht weh thun sollten.

Heinrich, Du bist ein guter Mensch, aber Du bist jähzornig und des Menschen Zorn thut nicht, was vor Gott recht ist. Denke, so oft Dich der Zorn überwältigen will, an die letzten Worte Deines Vaters!—Christian, auch Du bist gut; Du bist zwar nicht jähzornig, aber Du bist leichtsinnig. Der Leichtsinn thut oft mehr Böses, als der Jähzorn. Denke an die ernste Stunde, die jetzt Deinem Vater schlägt, so oft der Leichtsinn Dich anwandelt!— Marie, Herzenstochter, auch von Dir kann ich nicht ohne Ermahnungen scheiden. Du bist weder jähzornig, noch leichtsinnig, aber unzufrieden mit Deinem Schickſale. Das macht Dich neidiſch gegen Deine Mitmenſchen, undankbar gegen Gott und unglücklich in Dir ſelbſt. Bedenke doch: Mancher iſt arm bei großem Gute und Mancher iſt reich bei ſeiner Armuth."

Die Kinder weinten laut und gelobten dem Vater, ſeiner letz= ten Ermahnung eingedenk zu ſein. Stillſchweigend reichte er Jedem noch die Hand; er wollte noch einmal reden, aber die Zunge ver= ſagte ihm den Dienſt. Seine letzten Worte ſchwebten ſeinen Kin= dern bei jeder Verſuchung zu ihren Lieblingsfehlern vor; ſie ehrten und verpflegten die Mutter bis an's Ende und ehren noch heute das Grab ihrer Aeltern durch ihre Tugenden.

Schlez.

114. Der Wand'rer in der Sägemühle.

Dort unten in der Mühle
Saß ich in ſüßer Ruh',
Und ſah dem Räderſpiele
Und ſah den Waſſern zu.

Sah zu der blanken Säge,
Es war mir wie ein Traum,
Die bahnte lange Wege
In einen Tannenbaum.

Die Tanne war wie lebend;
In Trauermelodie,
Durch alle Faſern bebend,
Sang dieſe Worte ſie:

„Du kehrſt zur rechten Stunde,
O Wanderer, hier ein;
Du biſt's, für den die Wunde
Mir dringt in's Herz hinein;

Du biſt's, für den wird werden,
Wenn kurz gewandert du,
Dies Holz im Schooß der Erden
Ein Schrein zur langen Ruh'."

Vier Bretter ſah ich fallen,
Mir ward's um's Herze ſchwer,
Ein Wörtlein wollt' ich lallen,
Da ging das Rad nicht mehr.

Kerner.

115. Wiege und Sarg.

Ruhestätten giebt es gar viele im Leben,—und wer kennt unter ihnen nicht die zwei wichtigsten?—Die eine steht an der Eingangs= schwelle des Lebens, die andere an der Ausgangsschwelle desselben. Verschieden, sehr verschieden, ja völlig entgegengesetzt scheinen sie in ihrem Zwecke zu sein und doch sind beide einander nahe ver= wandt.

Aus Brettern ist die Wiege gezimmert; und so auch der Sarg. Im Walde stand einst ein Baum, von welchem die Bretter genommen wurden. Frisch und grün streckte er seine Zweige aus und schon damals ruhete der müde Wanderer unter ihm. Endlich wurde der Baum gefällt, sein Stamm zerschnitten und in friedlicher Werkstätte verarbeitet. Eine Wiege vielleicht und ein Sarg zu= gleich entstand aus seinem Holze. Wiege und Sarg—beide also wuchsen einst kräftig und voll als Waldbaum, oder als Obstbaum, auf dessen Zweigen die Vögel sangen. Beide wurden vom Früh= linge einst belaubt und vom Herbste entblättert. Beide wurden gefällt durch Axt und Sturm.—Und in beiden schläft der Mensch. In beiden giebt's Ruhe und Frieden. Wie harmlos liegt der Säugling in der Wiege; keine Noth ficht ihn an; rein und un= getrübt ist der Himmel seines Lebens.—Verhält sich's anders mit dem Sarge? Auch in ihm schläft der Mensch. Auch hier trifft den Menschen kein Ungemach, keine Erdennoth. Zwar ein anderer Schlaf ist es, als der Schlaf in der Wiege—denn jetzt ist er eisern, traumlos und kalt—aber sicher und geborgen hält er den Schläfer.

In beide steigen wir nicht selbst. Man legt uns hinein. Denn hilflos und schwach noch waren wir, als wir auf dem Schooße der Mutter saßen. Von ihr erlangten wir, was wir brauchten; auch die Ruhe. Die Mutter hob uns herab vom Arme und Schooße, sie legte uns liebend und sanft in die Wiege.—Starr und bleich und gebrochen an Kraft und Bewegung sind wir im Tode. Man legt uns hinein in den Sarg, denn wir selbst können uns nicht betten.—Wiege und Sarg—an beiden wird geweint. Wer kennt nicht die Thränen der Freude, die im Vater= oder Mutterauge glänzen, wenn es auf die Wiege des Kindes blickt?—Wer kennt nicht die Thränen des Schmerzes, welche in dem Auge des Kindes glänzen, wenn es am Sarge der Aeltern steht?—Aeltern legen ihre Kinder in die Wiege und in der Regel legen die Kinder ihre Aeltern in den Sarg. Thränen giebt's hier wie da.—Wiege

und Sarg—an beiden wird gehofft. Ja, Hoffnung regt sich im
Herzen, süße Hoffnung leuchtet uns entgegen, wenn wir an der
Wiege unserer Lieblinge stehen. Mit ihnen hoffen wir durch's Le=
ben zu gehen. Durch sie gedenken wir ein reines Band zu knüpfen
für die Erde und Glück und Freude und Wonne zu finden.—Im
Tode ist dieses Band zerrissen,—aber wir hoffen mit Zuversicht, es
werde in der Höhe sich wieder dauerhaft knüpfen. Und diese Hoff=
nung ist am Sarge unser Trost, unser Anker, unser Rettungsstern.
—Wiege und Sarg—an beiden wird gebetet. Fromme Wünsche,
Gedanken und Gefühle steigen aus den Herzen der Aeltern zum
Himmel auf, wenn sie an dem harmlosen Lager des Kindes stehen.
Um Glück und Segen für den Liebling beten sie zu Gott.—Auch an
dem Sarge beten wir. Wir beten für den Todten. Wir beten
für ihn um ein gnädiges Gericht, um Himmelsfrieden und Selig=
keit. Wir beten für uns um Weisheit für das Leben und das
Sterben.

Wiege und Sarg—immerdar werdet ihr Menschen bergen!
Oft, ach!—stehet ihr nahe aneinander, oft kaum eine Spanne weit
getrennt. Doch nahe oder fern, ihr beide seid Wiegen, die eine:
Wiege für die Erde,—die andere Wiege für den Himmel.

Würkert.

116. Nachbar Helm und seine Linde.

Im Häuslein gegenüber, da wohnt ein Zimmermann;
Heut' vor dem Haus die Linde hob er zu fällen an;
Ich sprach: „Gott grüß' Euch, Nachbar! doch sagt, was Ihr be=
      ginnt,
Der Baum beschützt das Häuslein vor Wetter doch und Wind!"

Da hielt er ein und schaute von seiner Arbeit auf,
Und sah mich an und blickte zur Linde hoch hinauf;
Dann legt er beide Hände still auf sein Arbeitszeug,
Lehnt an dem Baum und sagte: „Nachbar, ich danke Euch!

Die Linde pflanzt' mein Vater, als ich geboren war,
Sie grünt und blüht alljährlich schon über siebzig Jahr;
Mein Weib am Hochzeitstage—sie war ein junges Blut—
Band mir von diesem Baume ein Zweiglein an den Hut.

Viel' Gäste that ich laden, zu enge ward das Haus,
Hier, unter dieser Linde, da hielten wir den Schmaus;

Ein Sohn ward uns geboren, da gab sich's viel zu freu'n,
Und seinen Namen grub ich in diese Linde ein.

Die Linde wuchs und prangte, der Knabe ward ein Mann,
Bei Leipzig in der Eb'ne stand er im Heeresbann;
Zum Kampfe ziehend trug er zwei Lindenzweig' am Hut;
Bei Leipzig an den Wällen verrann sein junges Blut.

Nun hängt in unsrer Kirche die Tafel an der Wand,
Da steht: Franz Helm, gestorben für König und Vaterland!
Mein Weib und ich, wir weinten viel um den guten Franz,
Wir wanden um die Tafel frisch einen Lindenkranz.

Seht, unsre besten Tage, die waren nun dahin;
Der Franz lag meiner Alten zu sehr in Herz und Sinn;
Sie konnt' sich nicht mehr freuen, ich konnt' es auch nicht mehr,
Gott hat sie heut' erlöset von Jammer und Beschwer.

Seht, Nachbar, nun beginn' ich die Linde umzuhau'n,
Ich will für meine Alte d'raus einen Sarg erbau'n;
Ich hab' den Baum gemessen, wohl hält er Holz zu zwei'n,
Bald zimmer' ich auch den andern und Ihr legt mich hinein."

Honcamp.

117. Die drei Söhne eines Bettlers.

Der alte Hansjörg war ein Bettler, der in Kriegsdiensten das rechte Bein verloren hatte. Er ging noch vor mehreren Jahren von Haus zu Haus in den Dörfern am Bodensee, um Brod zu er= betteln.—Jetzt aber sitzt der alte Hansjörg als ein reicher Mann im Lehnstuhle und die Leute wundern sich seiner und Niemand weiß, woher er's hat. Ich will's Euch sagen: Hansjörg hatte drei Söhne, die er, trotz seiner Armuth, in christlicher Tugend auferzog und durch die Güte des Herrn Schulmeisters unentgeltlich zur Schule schickte.

An einem heißen Tage saß Hansjörg auf dem Felde und theilte mit den drei Knaben sein Brod. „Buben!" sagte Hansjörg, „Ihr seid groß genug und könnt mit Arbeiten Euer Brod selbst verdienen. Aber betteln dürft Ihr nicht, denn Bettelbrod ist bitt're Noth! Diebesbrod bringt Galgentod! Du da, Peter, bist vierzehn Jahre alt, hast zwei gesunde Augen—such Dir Arbeit! Du, Gabriel, hast zwei gesunde Arme, geh und schaff! Du, Veit, bist elf Jahre alt, hast zwei gesunde Beine, lauf nach Deinem Brode!"

Da riefen Alle verwundert: „Vater, wo sollen wir Brod suchen, ohne es zu betteln?" Hansjörg antwortete und sprach: „Ob wir gleich in der Welt nicht eigen Haus und Hof haben, eigen Wald und Gärten, so fällt doch Manches hin, was Keinem gehört und was Keiner will, daraus machet Geld. Ich will's Euch lehren; denn viele Hunderte verstehen dies Kunststück nicht. Und wenn Ihr Euch damit Geld erworben habt, so sammelt es und verzehrt es nicht. Bringet Ihr es nur erst dahin, daß Ihr alle Tage gegessen und getrunken habt und alle Tage vier Kreuzer erübrigt von Eurem Verdienste, so hat Jeder von Euch in einem Jahre schon vierundzwanzig Gulden gewonnen. In zehn Jahren sind das schon zweihundertundvierzig Gulden."

Darauf führte Hansjörg seine drei Söhne durch Dorf und Stadt und Feld und Wald. Er ließ sie alle großen Beine und Knochen sammeln, die weggeworfen waren und an geschickte Dreher verkaufen, die dergleichen zu Mancherlei verarbeiteten. Desgleichen lasen sie alles alte Glas in große Säcke zusammen und verkauften es an die Glaser. Im Sommer brachten sie große Päcke von gesammelten Wachholderbeeren, Salbei, Rosenblättern, Hollunderblüthen und dergleichen in die Apotheken, wurden schön bezahlt und bekamen frische Bestellung. Alle Kuhhaare sammelten sie und Roßhaare, wo solche zu finden waren und auch Menschenhaare, besonders lange. Hatten sie einen Haufen beisammen, so trugen sie die Kuhhaare zu den Tapezierern, die Roßhaare zu den Sattlern, Stuhl- und Wagenmachern, die Menschenhaare zu den Perrückenmachern, die dergleichen brauchen; und das Alles brachte Geld ein und war doch nur im Vorbeigehen gesammelt. Eben so suchten sie Schweinsborsten zusammen für Bürstenmacher, alles Gedärme von geschlachtetem Vieh, so sie fleißig auswuschen, trockneten und den Saitenmachern brachten, die dergleichen gern kauften. Wo man ihnen Asche gab, schleppten sie solche zusammen. Da waren denn immer Seifensieder und andere Handwerker, die dieselbe gern hatten.—Wollene und leinene Lumpen hoben sie sorgfältig auf; je größer ihr Haufen war, den sie an den Papiermacher verkauften, je dicker schossen die Kreuzer aus dessen Taschen hervor.—Ja, keine Feder, die zur Bettfeder taugte, keine Feder aus einem Gansflügel, die zur Schreibfeder taugte, durfte verloren gehen und ging es gleich langsam, so kamen doch nach Monaten ansehnliche Bündel unvermerkt zusammen.

Im Herbste nun gar gab's für die drei Knaben vollauf zu thun. Wo es erlaubt war, suchten sie alles wilde Obst zusammen,

woraus verständige Haushaltungen Essig, Most und andere nütz=
liche Sachen bereiteten; im Walde suchten sie eine außerordentliche
Menge Samen der Eichen, Buchen, Hagebuchen, Birken, Erlen,
Ulmen und dergleichen zusammen, der ihnen von den Oberförstern
und Samenhändlern theuer bezahlt ward. Unter den wilden Ka=
stanienbäumen lasen sie die Kastanien in ihre Säcke auf, ließen sie
in einer Mühle mahlen, wo man sie zwar auslachte, weil der Müller
meinte, sie wollten das Mehl von diesen bitteren Kastanien essen,
die kein Thier und kein Mensch genießen mag; aber die kleinen
Söhne des Hansjörg ließen den Müller lachen und verkauften ihr
Kastanienmehl schön an die Buchbinder, Tapezierer und andere
Handwerker zu Kleister und Pappe.—Und wenn es Nichts zu thun
gab, so wuchsen doch nach einem warmen Regen Pilze und
Schwämme für die Leckermäuler in der Stadt; oder es gab Moos
zu scharren, an der Sonne wohl auszudörren und an die Kaufleute
zum Packen, zum Sesselausstopfen und anderen Dingen zu ver=
handeln.

Im Winter beschäftigten sich die Kleinen damit, Besen zu bin=
den, aus Weidenruthen zierliche Körbe zu flechten, oder alte auszu=
bessern, oder von Stroh Teller und Körblein zu flechten (darin war
der alte Hansjörg Meister), oder Sessel zu flechten. Genug, das
Haus des armen Mannes, bei welchem Hansjörg mit seinen Söh=
nen wohnte, war wie ein großes Magazin von allerlei Zeug, daß
es kaum Platz hatte. Denn die Knaben schleppten alle Tage, die
Gott werden ließ, von links und rechts zusammen, wie die kleinen
Vögel, welche sich ein frisches Nest bauen wollen. Sie wurden
nach und nach mit ihren Kaufleuten immer bekannter, wußten, wie
man die Waaren am liebsten hatte und wurden dabei immer ge=
schickter.

Als nun das Jahr zu Ende war, rechnete der Vater Hansjörg
zusammen und siehe, es ergab sich, daß die drei Knaben etwas mehr
als vier Kreuzer des Tags zusammengearbeitet hatten. Denn in
der Kasse lagen von allem Verkauften, wobei es dann und wann
von den Herren in der Stadt noch ein artiges Trinkgeld gegeben
hatte, hundertundvier Gulden und dreiundzwanzig Kreuzer. Hans=
jörg trug die Summe sogleich zu einem angesehenen Kaufmanne
und that sie auf Zins aus. Das freute die drei Knaben; denn sie
hatten noch nie so viel Geld beisammen gesehen. Freilich hatten
sie noch viel schlechter gelebt; aber das mühsam erworbene Brod
schmeckte ihnen viel süßer.

„Ja,“ riefen sie lustig am Neujahrstage:

„Bettelbrod ist bitt're Noth;
Diebesbrod bringt Galgentod,
Aber Arbeit segnet Gott!"

Nun ging's frisch in's folgende Jahr hinein. Man ward wieder fleißig. Hansjörg ging nicht mehr betteln, sondern besorgte das Hauswesen, ging zu Lohgerbern, Seifensiedern, Samenhändlern und half die Waaren besser an den Mann bringen. Nach vier sauren Jahren hatte er die Freude, beim Kaufmann schon sechshundertundvierzehn Gulden untergebracht zu haben.

Aber nun waren die drei Buben größer und es gab unter ihnen allerlei Hader. Bald hatte der Eine zu wenig gearbeitet, bald der Andere zu wohlfeil verkauft, bald der Dritte wo einen Schoppen Wein getrunken. Da Hansjörg den Zank nicht leiden wollte, sprach er: „Ich gebe Jedem von Euch hundert Gulden. Ihr taugt nicht beisammen. Geht in die Welt; arbeite Jeder für sich! Das übrige Geld bleibt bei unserm Kaufmanne für den Fall der Noth aufgehoben und soll alljährlich der Zins zum Kapitale geschlagen werden. Da drückten die Brüder einander die Hand und sprachen zum Hansjörg: „Lebet wohl, Vater!"—Peter ging gegen Morgen, Gabriel gegen Abend, Veit gegen Mitternacht.

Und Hansjörg erfuhr nie Etwas von seinen Söhnen; sie blieben verschwunden und es gereuete ihn, sie alle fortgeschickt zu haben; denn er ward alt und schwach. Aber er rührte das Geld seiner Kinder bei dem Kaufmanne nie an, sondern ließ sich das Kapital durch die daraufgeschlagenen Zinsen mehren. Er ging wieder betteln von Haus zu Haus und man gab dem alten lahmen Hansjörg wohl gern, so lange er fordern konnte. Aber endlich konnte er nicht mehr fordern, denn er war krank und schon zweiundsechszig Jahre alt. Die Leute, die ihn kannten, schickten ihm wohl von Zeit zu Zeit einige Lebensmittel. Doch die Gemeinde, in welcher er seit vierundzwanzig Jahren gewohnt hatte, verstieß ihn unbarmherzig, weil er ein Fremder war. „Er soll uns nicht zur Last fallen!" sagten die Bauern· „in vierzehn Tagen muß er zum Dorfe hinaus!"

„Ich weiß nirgends hin!" antwortete Hansjörg; „doch zur Last will ich Keinem fallen. Jetzt ist die Noth am höchsten!" Darauf schrieb er an den Kaufmann in der Stadt einen Zettel. Und in dem Briefe schrieb er: „Sendet mir dreihundert Gulden von meinem Kapitale; denn ich bin alt und schwach, und von meinen Kindern habe ich schon seit vierzehn Jahren Nichts vernommen! Sie leben nicht mehr. Ich folge ihnen bald in die Ewigkeit." „Ihr seid reich genug," antwortete der Kaufmann; denn Euer Geld hat sich über eintausend Gulden vermehrt. Hiermit sende ich drei= hundert Gulden."

Als das Geld ankam, rissen alle Bauern im Dorfe die Augen auf und thaten wieder freundlich zu Hansjörg und jeder sagte: „Der lahme Kerl kann hexen." Doch Hansjörg war bei seinen dreihun= dert Gulden nicht froh, er sehnte sich zu sterben, um bald wieder zu seinen drei Söhnen zu kommen, die er gewiß für todt hielt und längst im Himmel vermuthete. Er war oft sehr niedergeschlagen. „Ich werde allein sterben!" sprach er, „und an meinem Todten= bette wird kein mitleidiges Auge weinen; und meine brechenden Augen wird nicht die weiche Hand eines geliebten Sohnes zudrücken. Hätt' ich nur wenigstens den kleinen Veit behalten!"—Doch Hans= jörg starb nicht; ward vielmehr wieder gesund und pflegte sich im Alter gar wohl und that sich alle Wochen einmal am Sonntage im Wirthshause beim Schoppen Wein gütlich.

An einem schönen Sonntage Abend saß er mit andern Bauern vor dem Wirthshause unter der alten blühenden Linde. Hui, kommt wie ein Wetter in's Dorf gesprengt ein Bedienter zu Pferd, in rothen Scharlach gekleidet mit silbernen Tressen daran und fragte mit lauter Stimme: „Wohnt hier im Dorfe der Herr Hans George Schmidt?" Die Bauern verwunderten sich und sprachen: „Ja freilich, er trinkt sein Schöppli unter der alten Linde." Da drehte der Bediente das Roß um, und schnell wieder zurück im vollen Ga= lopp. Und die Bauern gingen alle zum Hansjörg und erzählten, was sie gehört und gesehen und riethen hin und her, was es bedeu= ten könne.

Siehe, da kamen zwei prächtige Kutschen in's Dorf und hielten vor der Wohnung des Hansjörg still. Dann stiegen drei junge Herren und zwei schöne Frauenzimmer in reichen Kleidern heraus und fielen mit offenen Armen an den Hals des alten Hansjörg, der nicht wußte, wie ihm geschah. „Vater, kennt Ihr uns nicht?" rief der Aelteste, „ich bin Euer Peter und dermalen ein Spezerei= und Gewürzhändler in Warschau und dieses Frauenzimmer ist meine Frau!"

Darauf sprach der zweite Herr: „Und ich bin Euer Gabriel und dies ist meine Frau, und ich habe bisher großen Kornhandel in Warschau getrieben." Nachher sprach der Dritte: „Und ich bin Euer Veit und komme aus Ostindien, wohin ich dreimal mit allerlei Waaren reisete; und habe aus den Zeitungen den Aufenthalt mei= ner Brüder erfahren und mir ein Landgut bei Warschau gekauft.

Nun kommen wir und wollen Euch mit uns nehmen und Euer im
Alter pflegen."

Da weinte der graue Hansjörg Freudenthränen am Halse
seiner vielgeliebten Kinder und segnete sie und ihre Weiber. „Ja,"
riefen die Söhne, „Ihr müßt bei uns wohnen, denn Euch nur sind
wir unser Glück schuldig. Hättet Ihr uns nicht gelehrt, Moos
und Lumpen, Knochen und Haare, Kräuter und Federn, Baum=
samen und Rosenblätter und dergleichen sammeln und benutzen, so
wären wir noch heute arme Bettler. Aber wir haben uns Euren
Spruch oft vorgebetet, wenn's uns sauer ward:

> Bettelbrod ist bitt're Noth;
> Diebesbrod bringt Galgentod,
> Aber Arbeit segnet Gott!

und dann ging's!" Also sprachen die frommen Söhne und nahmen
ihren hochbeglückten Vater mit sich und vermachten das Geld, das
er beim Kaufmanne hatte, an die Gemeindekasse zur bessern Besol=
dung des Schullehrers und lebten Alle froh und vergnügt.

Da standen die Bauern da und sperrten den Mund auf und
wußten nicht, wie das Ding zugegangen. Und der Klügste von
den Dummen sagte, indem er bedenklich den Kopf schüttelte: „Der
Hansjörg muß mit dem Teufel einen Bund ·gemacht haben, wie
könnte er sonst zu so vielem Reichthume kommen?"

Aber der junge Leser weiß es besser, wie Hansjörg dazu kam
und mag sich an dessen drei Söhnen ein lehrreiches Beispiel nehmen.

Zschokke.

118. Der Fuhrmann und Hercules.

Ein Kärrner, der zu großem Schaden
Sein kleines Fuhrwerk überladen,
Saß endlich fest mit seiner Last
In einem Wege voll Morast.
Sogleich rief er in seiner Noth
Zu Hercules, dem mächt'gen Gott,
Und bat mit vielen Seufzern ihn
Nebst seinem Karr'n herauszuziehn.
Nachdem er lange Zeit geharrt
Und endlich nach der Faulen Art
Schon in sein Schicksal sich ergab,
Rief eine Götterstimm' herab:
„Was schreit und heult da für ein Thor?

Hol' Deine Hacke frisch hervor;
Räum' weg den Koth, wie sich's gehört,
Und peitsche wacker auf Dein Pferd;
Dann ruf' zum Hercules auf's Neu',
Und glaube mir, er steht Dir bei.
Das Beten hilft, nur nicht allein;
Auch eig'ner Fleiß muß wirksam sein!"

119. Der durch Obstbau reich gewordene Tagelöhner.

Es verirrte sich eines Abends ein Baumhändler von seinem Wege und mußte in einem elenden Hause übernachten, dessen Bewohner ein blutarmer Tagelöhner war und den Namen Oswald führte. Der arme, aber gute Mann gab seinem verirrten Gaste Alles, was die Armuth nur geben konnte und der Baumhändler hatte so viel Ehrlichkeit, daß er die empfangene Gefälligkeit nicht nur mit Geld, sondern auch mit einem Gegendienste bezahlte. Sobald es Tag geworden, ging der Baumhändler um die Hütte herum und sah da ein gar schmales Gärtchen, worin noch nie etwas Anderes angebaut worden war, als Erdäpfel und Rüben. Dieses Gärtchen war das ganze Hofgut des Tagelöhners. „Lieber Mann," sprach der Baumhändler, „ich will machen, daß Ihr aus diesem, wiewohl kleinen Grundstücke mit der Zeit recht viel Geld ziehen könnt. Seht, ich will Euch zur Dankbarkeit für die genossene Bewirthung zwei junge Obstbäume einsetzen, die von sonderbar guter Art sind. Sie werden zwar die ersten fünf Jahre keinen Gewinn bringen, aber desto größer wird der Nutzen sein, den Ihr nach dieser Zeit daraus ziehen werdet. Ihr dürft diese zwei Stämme für einen wahren Schatz ansehen; lasset nur kein Gras darunter aufkommen und sorget dafür, daß sie nicht abgerissen, oder vom Viehe abgefressen werden. Ich bin versichert, Ihr und Eure Kinder werdet lebenslänglich an mich denken."

Der Baumhändler setzte die zwei Bäumlein ein und ging seinen Weg weiter. Wie erstaunte aber der gute Tagelöhner, als sie im fünften Jahre die ersten Früchte brachten; Früchte so reizend, daß sie ganz seinen Mund bezauberten, weil er so Köstliches all' die Tage seines Lebens nie gegessen hatte. „Ei," dachte er, „so köstliche Früchte sind für einen Tagelöhner allzugut; die kommenden Jahre, wenn Gott mir das Leben und diesen Bäumchen wieder die Fruchtbarkeit schenkt, trage ich die Früchte in die Stadt und mache sie zu

Geld."—Er that es. Seine Früchte waren die schönsten auf dem ganzen Obstmarkte. Und schon im vierzehnten Jahre nahm er baare vierundzwanzig Gulden dafür ein.

Sein Nachbar Pflug, ein reicher Bauer, hatte Grund und Boden genug; aber er baute, wie sein Vater und Ur-Großvater, nur immer blos Getreide und probirte nie etwas Anderes. Es trat ein Mißjahr ein und er erntete Nichts. Unser Tagelöhner lösete in diesem Jahre aus Obst vierzig Gulden. Da kaufte er vom Nachbar Pflug einen Acker, der gerade an sein schmales Gärtchen stieß. Diesen Acker besetzte er mit Obstbäumen.

Pflug lachte, als Oswald auf den schönen Acker Bäume setzte. —Oswald aber setzte die Bäume in gerader Linie weit genug von einander und dachte: „Unten nehmen sie mir wenig Raum weg; ich kann dazwischen bauen und pflanzen, was ich will und oben in der Luft können sie wuchern, wie sie wollen. Werden sie zu groß, daß sie mir den Platz zu stark überschatten, so entschädigen sie mich durch ihre Früchte zehnfach.—Er hatte auch Stachelbeeren, Johannisbeeren und verschiedene Sorten Erdbeeren und Weintrauben gepflanzt und nahm immer eher zehn Gulden ein, ehe Pflug einen einzigen lösete.

Es kamen allerlei Zeiten und allerlei Uebel. Der arme Tagelöhner war jetzt reich; der reiche Bauer wurde arm. Oswald kaufte ihm noch mehrere Grundstücke ab, welche er wieder mit Obstbäumen besetzte. So trieb er es fort. Er baute wohl auch Korn, Gerste, Hafer, auch Weizen; aber der Gewinn aus Obst überstieg den Gewinn aus Getreide alljährlich.—Endlich wurde in der Nachbarschaft ein Bauerngut ausgeboten, welches die günstigste Lage zur Obstbaumzucht hatte. Oswald kaufte es, blieb zwar einige Gulden schuldig, betrieb aber von nun an bis zu seinem Ende den Obstbau so thätig, daß er nicht blos bald schuldenfrei, sondern selbst der reichste Mann des Ortes wurde.

Jeder Grundbesitzer kann durch Obstbaumzucht in kurzer Zeit wohlhabend und reich werden, wenn er, von der Erde aufwärts bauend, auch den Luftraum in Besitz nimmt und fleißig Bäume setzt.

120. Aus dem Walde.

Mit dem alten Förster heut'
Bin ich durch den Wald gegangen,
Während hell im Festgeläut'
Aus dem Dorf die Glocken klangen.

Golden floß in's Laub der Tag,
Vöglein sangen Gottes Ehre,
Fast, als ob der ganze Hag
Wüßte, daß es Sonntag wäre.

Und wir kamen in's Revier,
Wo, umrauscht von alten Bäumen,
Junge Stämmlein sonder Zier
Sproßten auf besonnten Räumen.

Feierlich der Alte sprach:
„Siehst Du über unsern Wegen
Hochgewölbt das grüne Dach?
Das ist unsrer Ahnen Segen.

Denn es gilt ein ewig Recht,
Wo die hohen Wipfel rauschen;
Von Geschlechte zu Geschlecht
Geht im Wald ein heilig Tauschen.

Was uns noth ist, uns zum Heil
Ward's gegründet von den Vätern,
Aber das ist unser Theil,
Daß wir gründen für die Spätern.

D'rum im Forst auf meinem Stand
Ist mir's oft, als böt' ich linde
Meinem Ahnherrn diese Hand,
Jene meinem Kindeskinde.

Und sobald ich pflanzen will,
Pocht das Herz mir, daß ich's merke,
Und ein frommes Sprüchlein still
Muß ich beten zu dem Werke:

„Schütz euch Gott, ihr Reiser schwank!
Mögen unter euren Kronen,
Rauscht ihr einst den Wald entlang,
Gottesfurcht und Freiheit wohnen!

Und ihr Enkel, still erfreut,
Mögt ihr dann mein Segnen ahnen,
Wie's mit frommem Dank mich heut
An die Väter will gemahnen.“

Wie verstummend im Gebet
Schwieg der Mann, der tiefergraute,
Klaren Auges ein Prophet,
Welcher vorwärts, rückwärts schaute.

Segnend auf die Stämmlein rings
Sah ich dann die Händ' ihn breiten,
Aber in den Wipfeln ging's
Wie ein Gruß aus alten Zeiten.

Geibel.

121. Das wilde Apfelbäumchen.

Ein Knabe sah seinen Vater einen wilden Apfelbaum pflanzen. „Was willst Du," fragte der Knabe, „mit dem knorrigen Dinge machen? Gewiß, ich würde ihm den Platz nicht gönnen!" Aber der Vater antwortete: „Mein Kind, urtheile nicht zu früh! Kennst Du denn dieses Bäumchen, das Du ein knorriges Ding nennst?" „Kennen?" sagte der Knabe; „man sieht ja wohl, was es ist!" „Seine äußere Gestalt," sprach Vater, „siehest Du wohl; aber nicht, was in ihm verborgen liegt. Siehe, dieses unansehnliche Bäumchen kann ein hoher, schöner Baum werden. Es kann in einigen Jahren Blüthe und Frucht tragen. Noch vermag es dieses nicht. Denn noch unwirksam und verborgen ruht in dem Bäumchen die Kraft, durch welche es dieses vermag."

Nach einiger Zeit sah Wilhelm seinen Vater wieder bei dem Bäumchen. Er steckte einen Stab neben dasselbe und band es daran. „Warum thust Du das?" fragte der Knabe, „Du nimmst ihm seine Freiheit." Der Vater antwortete: „Daß der Wind es nicht zerknickt, oder zu Boden wirft und damit es schlank und gerade aufwachsen möge!" Darauf schnitt der Vater mehrere Zweige von dem Stämmchen, machte den Boden ringsum locker und umgab es mit Dornen, um das Vieh davon abzuhalten. „Siehe," sprach der Vater, „ich liebe das Bäumchen um der verborgenen Lebenskraft, die in ihm liegt. Und darum pfleg' ich sein, auf daß die verborgene Kraft darin leben, wachsen und gedeihen kann."

Im Beginne des folgenden Frühlings führte der Vater den Knaben zu dem Bäumchen. Er hatte ein Reis von einem andern Obstbaume abgeschnitten. Jetzt nahm er sein Messer und that einen kräftigen Schnitt, so daß die Krone des Bäumchens zur Erde fiel. „O weh!" rief der Knabe und erschrak, „nun ist ja alle Mühe

6

vergebens!" Der Vater aber lächelte und pfropfte das mitge=
brachte Reis auf den Rumpf des Bäumchens und verband Alles
sorgfältig. Darauf sprach er: „Siehe, wäre das Stämmchen im
Walde geblieben, so würde es schief und knorrig, wie der Zufall es
gab, aufgewachsen sein und niemals eßbare Frucht getragen haben.
Aber ich habe sein Wachsthum und seine innere Kraft geleitet. Ehe
der Frühling in seiner vollen Kraft erscheint, habe ich dem Bäumchen
das Edlere gegeben, damit es hierauf seine sprossende Kraft richte
und künftig liebliche Blüthen und Früchte trage."

Bald breitete nun das Bäumchen seine Zweige und Aeste aus
und war lustig anzusehen; denn es trug Knospen und Blüthen,
und im Herbste neigten sich die Zweige unter vielen goldgelben und
röthlichen Aepfeln. „Was meinst Du nun?" fragte darauf der
Vater den Knaben. „O," antwortete dieser mit Freuden, „es ist
ein liebes und dankbares Bäumchen geworden!" „Siehe," fuhr
der Vater fort, „wie es die vollen Aeste Dir entgegenstreckt! Nun,
ich schenke es Dir, Wilhelm, es soll von nun an Dir gehören, es
hat jetzt seine Bestimmung erreicht!"

Krummacher.

122. Breite und Tiefe.

Es glänzen Viele in der Welt,
Sie wissen von Allem zu sagen,
Und wo was reizet, und wo was gefällt,
Man kann es bei ihnen erfragen;
Man dächte, hört man sie reden laut,
Sie hätten wirklich erobert die Braut.

Doch geh'n sie aus der Welt ganz still,
Ihr Leben das war verloren.
Wer etwas Treffliches leisten will,
Hätt' gern was Großes geboren,
Der sammle still und unerschlafft
Im kleinsten Punkte die höchste Kraft.

Der Stamm erhebt sich in die Luft
Mit üppig prangenden Zweigen;
Die Blätter glänzen und hauchen Duft,
Doch können sie Früchte nicht zeugen;
Der Kern allein im schmalen Raum
Verbirgt den Stolz des Waldes, den Baum.

Schiller.

123. Das Christgeschenk.

Fritz (neugierig). Was hast Du in Deiner Schürze, Lorchen?

Lorchen. Willst Du es vielleicht tragen?

Fritz (scherzend). Soll ich auch Deine Schürze dazu umthun?

Lorchen. Als ob man Nichts tragen könnte ohne Schürze! Aber sprich, soll ich Dir Deine Christtagsüberraschung verderben?

Fritz. Wie? Was? Ein Christgeschenk für mich?

Lorchen. Nichts Anderes! Oder glaubst Du mir nicht?

Fritz. Glaub' ich Dir nicht Alles? Aber laß doch sehen! Laß sehen! Was ist es? (Er will ihr die Schürze öffnen. Lorchen zieht den Arm zurück).

Lorchen. Ei! so wohlfeilen Kauf's erfährst Du es nicht.— Kannst Du's errathen?

Fritz. Vielleicht!—Eine polnische Mütze? Nicht wahr?

Lorchen. Warum nicht gar eine Pudelmütze? Hast Du an Deinem Tzschakko nicht genug?

Fritz. Das wohl, aber wer bekommt leicht zu viel?—Also wohl eine englische Jacke?

Lorchen. Auch nicht. Weiter gerathen!

Fritz. Wär' es nicht klüger, Du sagtest mir's kurz und gut? —Ich errathe es nun doch nicht.

Lorchen. I nun, so warte bis zum Christtage!

Fritz. Ach, kannst Du mich martern mit Deiner geschwätzigen Verschwiegenheit?

Lorchen. Und kannst Du mich so martern mit Deiner zudringlichen Neugier? Merkst Du denn nicht, daß es vor der Hand ein Geheimniß für Dich sein soll?

Fritz. Und wer hat es denn zum Geheimnisse gemacht?

Lorchen. Wer anders, als der Vater?

Fritz. I! der Vater soll ja auch nicht erfahren, daß Du mir's verrathen hast. Glaubst Du nicht, daß ich mich am Christtage doch stellen kann, als wüßt' ich noch Nichts?

Lorchen. Bist Du so ausgelernt in der Verstellungskunst? —I nun, so stelle Dich jetzt schon, als verlangtest Du gar Nichts zu wissen.

Fritz. Das will ich auch! Aber nur ein wenig hilf mir auf die Spur! Ist's aus dem Thierreiche?

Lorcher. Nein!

Fritz. Aus dem Pflanzenreiche?

Lorchen. Nein!

Fritz. Aus dem Mineralreiche?

Lorchen. Nein!

Fritz. I, zum Kuckuck! Du trägst doch nicht gar Etwas aus dem Geisterreiche in der Schürze?

Lorchen. Freilich nicht (die leere Schürze mit Lachen öffnend): aber in welches Reich gehört wohl das Nichts?

Fritz. O Du Schelmengesicht! Warum schlugst Du denn die Schürze so geheimnißvoll über die Arme, wenn Du Nichts darin hattest?

Lorchen. Weil es mir ohne Handschuhe zu kalt war.—Wie kamst Du denn aber darauf, ein Geheimniß bei mir zu suchen?— Brachtest Du mich nicht selbst auf eine Neckerei?—Neugierige Menschen müssen sich's nur immer gefallen lassen, ein wenig gefoppt zu werden!

Fritz. Das merk' ich an mir. Aber weißt Du auch, Lorchen, daß es der letzte Streich ist, den Du über meine Neugierde mir spielst?

Schlez.

124. Der Zeisig und die Nachtigall.

Ein Zeisig war's und eine Nachtigall,
Die einst zu gleicher Zeit vor Damon's Fenster hingen.
Die Nachtigall fing an, ihr reizend Lied zu singen,
Und Damon's kleinem Sohn gefiel der süße Schall.
„Ach, welcher singt von Beiden doch so schön?
Den Vogel möcht' ich gerne seh'n!"
Der Vater macht ihm diese Freude,
Er nimmt die Vögel gleich herein.
„Hier," spricht er, „sind sie alle Beide;
Doch welcher wird der Sänger sein?
Getraust Du Dich, mir das zu sagen?"
Der Sohn läßt sich nicht zweimal fragen,
Schnell weis't er auf den Zeisig hin;
„Der," spricht er, „muß es sein, so wahr ich ehrlich bin,
Wie schön und gelb ist sein Gefieder,
D'rum singt er auch so schöne Lieder;
Dem andern sieht man's gleich an seinen Federn an,
Daß er nichts Kluges singen kann."

Der Knabe irrte sehr, doch dessen Fehl ist größer,
Der auf des Menschen Werth aus seinen Kleidern schließt;
Denn so geputzt ein Mensch auch ist,
So ist er d'rum nicht klüger oder besser.

Gellert.

125. Meister Hämmerlein.

Vor vielen Jahren starb in einem preußischen Dorfe der Gemeindeschmied Jacob Horn. Im gewöhnlichen Leben hieß er nicht
anders als Meister Hämmerlein.

„Meister Hämmerlein? Ei, warum denn Meister Hämmerlein?"

Weil er die sonderbare Gewohnheit hatte, wo er ging und
stand sein Hämmerlein und ein Paar Nägel in der Tasche bei sich
zu führen und an allen Thoren, Thüren und Zäunen zu hämmern,
wo er etwas los und ledig fand. Vielleicht auch, weil er durch sein
Hämmerlein Gemeindeschmied des Dorfes geworden war.

„Wie war denn das zugegangen?"

Ganz natürlich, wir ihr sogleich hören sollt.

Sein Vorfahr war gestorben. Vier wackere Burschen hatten
sich für den Dienst gemeldet und Dem und Jenem Allerlei versprochen. Meister Hämmerlein hatte sich nicht gemeldet und nichts
versprochen; er hämmerte bloß ein wenig an einer Gartenthür und
erhielt dafür den Dienst.

„Und bloß für ein Bischen Hämmern?"

Bloß für ein Bischen Hämmern! An einer Gartenthüre, nahe
am Dorfe hing schon wochenlang ein Brett los. Meister Hämmerlein kam mit seinem Felleisen des Weges her. Flugs langte er
einen Nagel und sein Hämmerlein aus dem Ranzen und nagelte das
Brett fest. Das sah der Dorfschulze. Ihm schien es sonderbar,
daß der landfremde Mensch das Brett nicht los sehen konnte, ohne
es fest zu machen. Er wollte ihn anreden, aber der Bursche war
fort, ehe er ihm nahe genug kam.

Ein Paar Stunden darauf ging der Schulze in die Dorf-
schenke. Sogleich fiel ihm der junge Mensch in's Gesicht. Er saß
ganz allein an einem Tischchen und verzehrte sein Abendbrod. „Ei,
willkommen!" rief der Schulze. „Treffen wir uns hier, guter
Freund?" Der junge Mensch stutzte, sah ihm steif in's Gesicht und
wußte nicht, woher die Bekanntschaft kam. „Ist er nicht der junge
Wanderer," fragte der Schulze, „der diesen Abend da draußen am

Wege das Brett einer Gartenthüre fest gemacht hat?" „Ja, der bin ich."

„Nun gut, so kommt, Nachbar Hans," sagte der Schulze zu dem Eigenthümer des Gartens, der zufällig auch zugegen war, „kommt und bedankt Euch bei dem wackern Fremdlinge. Er hat im Vorbeigehen Eure zerbrochene Gartenthüre wieder zurecht gemacht."

Nachbar Hans schmunzelte, sagte seinen Dank, setzte sich neben den Schulzen traulich zu dem Fremdling und alle Gäste lauschten auf ihr Gespräch. Es betraf das Handwerk, die Wanderungen und Kundschaften desselben, und in Allen erwachte der einmüthige Wunsch, ihn zum Gemeindeschmied zu bekommen, weil Allen der Zug gemeinnütziger Denkart gefallen hatte.

Hämmerlein mußte bleiben; und da er schon am folgenden Morgen einen Beweis von seiner Geschicklichkeit in der Vieharznei=kunst und im Beschlage gab, so war nur Eine Stimme für ihn: „Dieser und kein Anderer soll Gemeindeschmied werden!" Man schloß den Vertrag mit ihm ab und Meister Hämmerlein war un=vermuthet Schmiedemeister eines großen Dorfes, das er wenige Stunden zuvor noch nicht einmal dem Namen nach gekannt hatte, geworden.

Sage mir nun noch Einer: „Wer ungebeten zur Arbeit geht, geht ungedankt davon."

Zu seiner Besoldung gehörte unter Anderm ein Grundstück, das er alljährlich mit Kartoffeln und andern Gemüsepflanzen be=stellte. Als er den Acker zum ersten Male in Augenschein nahm, bemerkte er auf dem Fahrwege verschiedene Löcher, in welchen die Wagen bald rechts, bald links schlugen.

„Warum füllt Ihr doch die Löcher nicht mit Steinen aus?" fragte Meister Hämmerlein die Nachbarn, welche den Acker ihm zeigten.

„Ja," sagten diese, „man kann immer vor andern Arbeiten nicht dazu kommen."

Was that aber Meister Hämmerlein?—So oft er von seinem Acker ging, las er von fern schon Steine zusammen und schleppte deren oft beide Arme voll bis zu den Löchern. Die Bauern lachten, daß er, der selbst kein Gespann hielt, für Andere den Weg bessere; aber, ohne sich stören zu lassen, fuhr Meister Hämmerlein fort, jedes Mal we=nigstens ein Paar Steine auf dem Hin= und Herwege in die Löcher zu werfen und in etlichen Jahren waren sie ausgefüllt.—„Seht Ihr's?" sagte er nun, „hätte Jeder von Euch, der leer die Straße fuhr, auf dem Wege die Steine zusammengelesen, auf den Wagen geladen und in die Löcher geworfen, so wäre der Weg mit leichter Mühe in einem Vierteljährchen eben geworden."

Schlez.

126. Das Testament.

Philemon, der bei großen Schätzen
Ein edelmüthig Herz besaß
Und, And'rer Mangel zu ersetzen,
Den eig'nen Vortheil gern vergaß—
Philemon konnte doch dem Neide nicht entgeh'n,
So willig er auch war, den Neidern beizusteh'n.
Zwei Nachbarn haßten ihn, zwei Nachbarn ruhten nie
Auf's schimpflichste von ihm zu sprechen.
Warum? Er war beglückt und glücklicher, als sie;
Ist dies nicht schon ein groß Verbrechen?
Die Freunde riethen ihm, sich für den Schimpf zu rächen.
„Nein!" sprach er, „laßt sie neidisch schmäh'n,
Sie werden schon nach meinem Tode seh'n,
Wie viel sie Recht gehabt, ein Glück mir nicht zu gönnen,
Das wenig Menschen nützen können.

Er stirbt. Man find't sein Testament
Und lies't: „Ich will, daß einst nach meinem Sterben
Mein hinterlass'nes Gut die beiden Nachbarn erben,
Weil sie das Gut mir nicht gegönnt."—
So mancher Freund verwünscht dies Testament!
„Wie? konnt' ich ihn nicht auch beneiden?
Mir giebt er Nichts und Alles diesen Beiden."
Die beiden Nachbarn seh'n vergnügt
Den Sinn des Testaments vollführen;
Denn damals wußte man nicht recht zu prozessiren,
Sonst hätten Beide Nichts gekriegt.
Doch so bekamen sie das völlige Vermögen.
Wie rühmten sie den Sel'gen nicht!
Er war die Großmuth selbst, er war der Zeiten Licht,
Und Alles dies des Testamentes wegen;
Denn eh' er starb, war er's noch nicht.

Sind unf're Nachbarn nun beglückt?
Vielleicht! Wir wollen Achtung geben.

Der eine Nachbar weiht entzückt
Dem reichen Kasten Ruh' und Leben.
Er hütet ihn mit karger Hand
Und wacht, wenn And're schnarchend liegen,
Und wünscht mit Thränen sich Verstand,
Die schlauen Diebe zu betrügen;
Springt oft, durch böse Träum' erschreckt,
Als ob man ihn bestohlen hätte,
Mit schnellen Füßen aus dem Bette
Und sucht den Ort, wo er den Schatz versteckt
Er martert sich mit tausend Sorgen,
Sein vieles Geld vermehrt zu seh'n,
Er nimmt aus Geiz sich vor, die Hälfte zu verborgen,
Und läßt den, den er rief, doch leer zurücke geh'n.
Arm hatt' er sich noch satt gegessen;
Reich hungert er bei halbem Essen
Und schnitt das Brod, das er den Seinen gab,
Mit Klagen über Gott und über Theurung ab,
Und ward mit jedem neuen Tage
Der Seinen Last und seine Plage.

Der and're Nachbar lachte sein.
„Der Thorheit," sprach er, „will ich wehren;
Was ich geerbt, will ich verzehren
Und mich des Segens recht erfreu'n."
Er hielt sein Wort und sah in wenig Jahren
Sein vieles Geld in fremder Hand;
Durch Straßen, wo er sonst stolz auf= und abgefahren,
Schlich jetzt sein Fuß ganz unbekannt.—
„Ach!" sprach er zu dem andern Erben,
„Philemon hat es wohl gedacht,
Daß uns der Reichthum würd' verderben,
D'rum hat er uns sein Gut vermacht.
Du hungerst karg, ich hab' es durchgebracht,
Wir waren werth, den Reichthum zu besitzen,
Denn Keiner wußt' ihn recht zu nützen."

Gellert.

127. Der Weihnachtsabend.

(Die Kinder, in ein Nebenzimmer verwiesen, bis die Besche-
rungen für sie ausgelegt sind, hören mit der Schelle klingeln.)

Alle zugleich. Es klingelt! Es klingelt! (Sie springen mit Jubel in das erleuchtete Zimmer.)

Gustav (auf sein Geschenk zueilend). Ach allerliebst! Wie schön! Wie prächtig! (dem Vater und der Mutter um den Hals fallend) Dank, tausend Dank dafür! (zur Schwester) Lottchen! Lottchen! Sieh doch, sieh doch einmal! Neue Hosen! Neue Weste! Eine neue Jacke! Neue Stiefel!

Lottchen. Neue Schuhe! Ein prächtiges Halstuch—und o; das herrliche Arbeitssäckchen mit dem schönen Namenszuge von Vergißmeinnicht! (auf die Mutter zuhüpfend und sie küssend) Ach, gewiß von Deiner lieben Hand gestickt, lieb' Mütterchen? Danke! danke! danke! O Du herziggute Mutter, Du!

Karl. Und erst meine neue Flinte! Und ein Säbel dazu! Da schaut einmal! (Küßt den Aeltern die Hand und fängt sogleich an, mit der hölzernen Flinte zu exerciren. Gustav nimmt sie ihm ab.)

Gustav. Nicht doch! Du bist ein jämmerlicher Füselier! (er macht es ihm vor) Achtung! Richt't euch! Links um! Marsch! Halt! Lad't das Gewehr! Fertig! An! Feuer! Puff!

Vater (scherzend). Uhuhu! Richte kein Unglück an mit Deiner hölzernen Flinte!—Wie Du mich erschreckt hast!

Gustav. Hahahaha! Läßt mir's nicht gut, lieb Väterchen?

Vater. Herrlich! Sollt' einem elfjährigen Jungen eine hölzerne Flinte nicht gut stehen? Aber Du und Lottchen, Ihr habt gerade das Beste übersehen!

Lottchen. Und was denn!—Aha! da liegt es! Ein Buch in rothem Bande mit Gold! (sie schlägt es auf) Bruder Gustav, flugs! Sieh', was uns der liebe Vater geschenkt hat! Ein Bilderbuch—o mit köstlich gemalten Bildern! (Beide sehen hinein) O wie schön! Wie schön! Da wollen wir aber lesen! Da wollen wir lernen!—Sieh, Karlchen! Ein Elephant mit seinem langen Rüssel! Ein Trampelthier! Ein Affe! Ein Bär! Ein Löwe! Ein Tiger! Ein Fuchs!

Mutter. Still! Still! Glaubt man nicht, in Noah's Arche zu sein und alle Thierstimmen auf einmal zu hören?

Gustav. Ach, Mutter, wir sind gar zu reich, wir kennen uns vor Freude nicht mehr!

Vater. Haltet nun aber auch über der Freude Euer Versprechen und lernet brav aus dem Buche! Das ist der schönste Dank, den wir erwarten und wünschen.

Mutter. Auch bitten wir, nicht zu vergessen, daß die schönen Kleider nicht blos für die Christwoche angeschafft sind.

Lottchen. O sorge Du nicht, liebe Mutter! Nach Jahr und Tag wollen wir noch Staat damit machen. Wenn nur Karl seine Flinte auch so schonte!

Karl. Du sollst sehen, Mutter, wenn ich sechzig und zehn Jahre alt bin, so spiele ich noch wie heute damit!

Gustav und Lottchen. Hahahaha!

Schlez.

128. Die Kinder im Walde.

Es blieben einst drei Kinder steh'n,
Die grad' zur Schule sollten geh'n;
Sie dachten dies, sie dachten das:
Das Lernen sei ein schlechter Spaß.

Und sprachen dann mit leichtem Sinn:
„Ei, laßt uns doch zum Walde hin!
Das Spielen ist der Thierlein Brauch;
Laßt spielen uns mit ihnen auch!"

Sie luden denn im Walde ein
Zum Spiel die Thiere, groß und klein;
Doch sprachen die: „Es thut uns leid!
Wir haben jetzo keine Zeit!"

Der Käfer brummte: „Das wär' schön,
Wollt' ich mit euch so müßig geh'n!
Ich muß aus Gras ein Brücklein bau'n;
Dem alten ist nicht mehr zu trau'n."

Am Ameis'haufen schlichen sie
Ganz leis' vorbei, ich weiß nicht wie,
Und liefen vor dem Bienlein schier,
Als wär' es gar ein giftig Thier.

Das Mäuslein sprach zu ihnen fein:
„Ich sammle für den Winter ein."
„Und ich," das weiße Täubchen sprach
„Zum Neste dürre Reiser trag'."

Das Häschen winkte freundlich blos.
„Ich könnte um die Welt nicht los.

Ihr seht, mein Schnäuzchen ist nicht rein,
Das muß im Fluß gewaschen sein."

Auch Erdbeerblüthchen leise sprach:
„Ich nütze diesen schönen Tag,
Zu reifen meine schöne Frucht,
Die dann der arme Bettler sucht."

Da kam ein junger Hahn daher;
Sie riefen: „Liebster Monsieur Er,
Er hat doch wahrlich Nichts zu thun,
Und kann ein Bischen bei uns ruh'n!"

„Pardon, ich hab' von Adel Gäst'
Und arrangire heut' ein Fest!"
So spricht der Hahn voll Gravität,
Verneigt sich kalt und steif und geht.

D'rauf dachten sie in ihrem Sinn:
„Du, Bächlein, plätscherst doch so hin!
Komm, spiel' mit uns, sei mit uns froh!"
Das Bächlein sprach erstaunt: „Wie so?

Ei, seht die faulen Kinder, seht!
Ich weiß nicht, wo der Kopf mir steht!
Sie meinen, ich hätt' Nichts zu thun,
Und kann doch Tag und Nacht nicht ruh'n.

Menschen, Thiere, Gärten, Wälder,
Wiesen, Thal und Berg und Felder—
Alle muß das Bächlein tränken,
Und die Töpfe auch noch schwenken.

Kinder wiegen, Mühlen treiben,
Bretter schneiden, Erz zerreiben,
Wolle spinnen, Schiffe tragen,
Feuer löschen, Hämmer schlagen.

Ich kann euch Alles sagen nicht,
Weil mir dazu die Zeit gebricht."
So sprach's und sprang von Ort zu Ort,
Und husch! war gleich das Bächlein fort.

Da war ihr Muth dem Sinken nah,
Als Einer einen Finken sah,

Der auf dem Aste saß in Ruh,
Und pfiff sein Lied und fraß dazu.

Sie riefen: „Ach, Herr Biedermann,
Der all' die schönen Lieder kann,
Du hast gewiß recht viele Zeit,
Und bist mit uns zum Spiel bereit!"

„Potz tausend! hab' ich recht gehört?
Ihr Kinder scheint mir recht bethört;
Ich hab' gejagt den langen Tag
Den Mücken, sie zu fangen, nach.

Nun wollen noch die Jungen mein
In's Schlafen eingesungen sein;
D'rum pfeif' ich mit dem Brüderchor
Den Kleinen meine Lieder vor.

Ich sing' dem Wald zu hoher Lust,
Ein müder Mann aus froher Brust,
Dem Herren giebt mein Mund den Preis,
Und lobt die Arbeit und den Schweiß.

Doch sprecht, was habt denn ihr gemacht,
Die also schlecht von mir gedacht?
Kehrt um, ihr Müßiggänger ihr,
Und stört die Leut' nicht länger hier!"

Von allen Thierlein so belehrt,
Sind d'rauf die Kinder froh gekehrt,
Und wußten, daß dem Fleiß allein
Des Spieles Lust ein Preis kann sein.

129. Der undankbare Schüler.

Anton wurde von seinen Aeltern zwar in die Schule geschickt,
aber nicht dazu angehalten, sie regelmäßig zu besuchen. Daher kam
er oft zu spät und manche Tage gar nicht in die Schule. Wenn der
Lehrer dann nach ihm fragte, so hieß es immer: Anton habe für
seine Eltern weggehen müssen, oder er sei krank, oder auch: er könne
heute nicht kommen, weil er zu Hause nothwendig zu thun habe.
Damit war der Lehrer freilich nicht zufrieden—denn wie war es
wohl möglich, daß Anton in Kenntnissen weiter kam, wenn er die

Schule so oft versäumte? Aber was den Lehrer vorzüglich verdroß, war dies, daß Anton sich gar nichts aus dem Unterricht machte, sich immer treiben ließ und keinen Lerneifer zeigte, besonders, nachdem er endlich so weit gekommen war, daß er ein wenig lesen und schreiben konnte; denn dieser Knabe war thöricht genug, zu meinen, er thue nur dem Lehrer damit einen Gefallen, wenn er in der Schule fleißig und aufmerksam sei und es fiel ihm gar nicht ein, dies für seine Schuldigkeit zu halten. Er hatte daher die vier Jahre, in welchen er die Schule besuchte, schlecht genug angewandt und wenig gelernt. Desto mehr erstaunte der Lehrer, als Anton eines Tages in die Stube trat und ihm anzeigte, daß er nun nicht mehr in die Schule kommen würde. „Will Dich Dein Vater in eine andere Schule bringen?" fragte der Lehrer. „Nein," antwortete Anton, „ich soll nun gar nicht mehr in die Schule gehen, mein Vater braucht mich zu Hause." „Darüber muß ich mich wundern," erwiederte der Lehrer, „denn Du gehst ja erst seit vier Jahren in die Schule und hast in dieser Zeit wenigstens dreimal in der Woche gefehlt, bist auch nicht fleißig gewesen."—„Mein Vater sagt, ich wüßte nun genug und er wäre auch nur bis zum vierzehnten Jahre in die Schule gegangen und müßte mich auf's Handwerk thun, damit ich mir bald selbst mein Brod verdienen könnte."—„Aber meinst Du denn," sagte der Lehrer, „daß der Meister einen Lehrling annehmen wird, der weder fertig lesen, noch fertig schreiben und rechnen kann? Und wie willst Du künftig werden, wenn Du nun selbst Meister geworden bist und eine Rechnung schreiben, oder etwas ausrechnen sollst?" Anton wußte hierauf weiter nichts zu antworten, als daß sein Vater gesagt habe, er hätte auch nicht mehr gekonnt, als er aus der Schule gekommen wäre. Das war nun freilich wahr, aber Anton's Vater hatte es dafür auch nie weit gebracht; er lebte von seinem Handwerke sehr kümmerlich und es würde ihn viel reichlicher ernährt haben, wenn er in der Jugend mehr gelernt hätte. Anton nahm also Abschied von der Schule, das heißt: er kam nicht mehr wieder, dankte auch seinem Lehrer nicht für den Unterricht und die Mühe, welche er sich mit ihm gegeben hatte.

130. Der Informator.

Ein Bauer, der viel Geld und nur zwei Söhne hatte,
Nahm einen Informator an.
„Ich," sprach er, „und mein Ehegatte,
Wir übergeben Ihm, als einem wackern Mann

Was uns am liebsten ist. Leit' Er sie treulich an.
Er sieht's, es sind zwei munt're Knaben,
Und freilich wird Er Mühe haben;
Jedoch ich will erkenntlich sein.
Ich halte viel auf's Rechnen und auf's Schreiben;
Das laß' Er sie recht fleißig treiben,
Und präg' Er ihnen ja das Christenthum wohl ein!
Ich kann's Ihm nicht so recht beschreiben;
Allein Er wird mich wohl versteh'n.
Ich möchte sie gern klug und ehrlich seh'n;
Das macht bei aller Welt gelitten,
Und ist vor Gott im Himmel schön.
Erfüll' Er also meine Bitten!
Hier geb' Ihm zwei Stübchen ein,
Und was Er braucht, das soll zu Seinen Diensten sein."

Der Lehrer fand ein Herz bei seinen Bauernknaben,
Wie hundert Junker es nicht haben.
Ein braver Mann, geschickt im Unterrichten,
Erfüllt' er redlich seine Pflichten,
Und das gefiel dem Bauer sehr.
Er hielt ihn ungemein in Ehren,
Kam oft, den Kindern zuzuhören,
Weil es die Pflicht der Väter wär'.

Nun war ein Jahr vorbei. „Herr," sprach der gute Bauer,
„Was soll für Seine Mühe sein?"

„Ich ford're dreißig Thaler."—„Nein,
Nein!" fiel der Alte hitzig ein,
„Sein Informatordienst ist sauer.
So kriegte ja der Großknecht, der mir pflügt,
Beinah' so viel, als der Gelehrte kriegt,
Der das besorgt, was mir am Herzen liegt.
Die Kinder nützen Ihn ja für ihr ganzes Leben.
Nein, lieber Herr, das geht nicht an;
So wenig giebt kein reicher Mann.
Ich will Ihm mehr, ich will Ihm hundert Thaler geben,
Und mich von Herzen gern versteh'n,
Ihm jährlich diesen Lohn ansehnlich zu erhöh'n.
Gesetzt, ich müßt' ein Gut verpfänden;
Auch das! Ist's denn ein Bubenstück?

Viel beſſer, ich verpfänd's zu meiner Knaben Glück,
Als daß ſie's, reich und laſterhaft, verſchwenden."

Gellert.

131. Die Entdeckung.

Fritz (zur Thüre hereinkommend und auf die Mutter mit einer Traube in der Hand zulaufend). Hier, liebe Mutter, hier bringe ich Dir was Gutes! Ach, verſuch' nur einmal, wie ſüß, wie ſüß!

Mutter (traurig). Danke, danke, lieber Fritz! Behalte doch die Traube! Vor Allem aber ſprich, woher Du ſie haſt?

Fritz. Von unſerm Herrn Pfarrer. Ich hab' ihm auf einer Leiter die Trauben an ſeinem Hauſe abgemacht und da gab er mir dieſe dafür. O, verſuch' nur! Ich hab' auch ein paar Beerchen davon gepflückt. (Er will der Mutter ein paar in den Mund ſtecken.)

Mutter (den Mund abwendend). O, lieber Fritz, mich hungert und dürſtet dieſen Abend gar nicht!

Fritz. Und warum nicht?.... Ach, Du biſt traurig, Mutter! Was fehlt Dir? O Du haſt geweint! Liebe Herzensmutter, was haſt Du?

Mutter. Ach, Kind, einen großen Jammer! Ich habe eine ſchreckliche Entdeckung gemacht.

Fritz. Eine ſchreckliche Entdeckung? O mach' mich nicht weinen! Ich kann Deine Augen nicht naß ſehen.

Mutter. Soll ich nicht weinen, wenn meine Kinder—mein Liebſtes auf Erden, die ich zu allem Guten erziehe, die mir unſer ſeliger Vater im Sterben noch auf die Seele gebunden hat—ſo ſchändlich mißrathen?

Fritz. Gott, wie erſchreckſt Du mich, Mütterchen! Hab' ich was Böſes gethan? Ach, Gott, ich weiß es nicht einmal!

Mutter. Du nicht, aber Dein Bruder Karl.

Fritz. Ach, der gute Karl? Was hat er denn Böſes gethan? Hat er Dir nicht gefolgt?

Mutter. Ja wohl, nicht gefolgt!—Fritz, wie heißt das ſiebente Gebot?

Fritz. Du ſollſt nicht ſtehlen.—Meinſt Du etwa, ich wüßte nicht einmal, wie das ſiebente Gebot heißt?

Mutter. Dein älterer Bruder Karl weiß es ſchon länger und beſſer als Du—und doch.....Er hat es nicht befolgt.

Fritz. Nicht möglich! Karl, der gute Karl hätte gestohlen?
—Da wäre ja Karl ein Dieb?

Mutter. Wer Obst und Geld stiehlt, ist der kein Dieb?

Fritz. Ja wohl, ja wohl ist er's! Aber hätte der ehrliche
Karl das gethan, der jeden Bissen mit uns theilt?

Mutter. Leider! Gestern sah' ich, daß er sein Kleiderkäst=
chen so schnell zuschloß und ganz verlegen that, als ich ihn darüber
antraf. Es fiel mir auf, aber ich dachte doch nichts Arges. Heute
seh' ich gegen alle Gewohnheit den Schlüssel abgezogen. Ich suche
und finde den Schlüssel in seinem Jäckchen. Ich schließe auf—
und, o Gott! was sah' ich!—ach! er hat vergessen, was sein ster=
bender Vater sagte: „Wir sind wohl arm, aber wir werden viel
Gutes haben, wenn wir Gott fürchten, die Sünde meiden und Gu=
tes thun."

Fritz (weint). Und woher weißt Du denn, daß er den schö=
nen Spruch vergessen hat?

Mutter. Ach, ich fand in seinem Lädchen zwölf Aepfel, ein
ganzes Häufchen Nüsse und dreißig Kreuzer baares Geld! Das
Alles hat er nicht mit Recht; denn er hielt es geheim und hatte kein
gutes Gewissen, als ich ihn darüber antraf.

Fritz (der Mutter um den Hals fallend). O freu' Dich, freu'
Dich, herzige Mutter! Karl ist noch immer unser ehrlicher Karl!
—Aber ich muß ihm wehe thun; ich muß sein Geheimniß verrathen.

Mutter. Und welches? Daß er gestohlen hat? Und da=
über soll ich mich freuen?

Fritz. Nein, o nein doch! Schon seit einem Vierteljahre
spart er alle Heller zusammen (und auch ich habe dazu gesteuert!),
um Dir eine Freude zu machen. Du sollst erfahren, wie ehrlich
wir zu den dreißig Kreuzern gekommen sind. Wir haben sie bei
Herrn Wendler verdient. Du weißt, er giebt den Kindern gern
Etwas, wenn sie ihm einen Gefallen thun. Auch die Aepfel und
Nüsse sind nicht gestohlen. Die Nüsse haben wir gekauft und die
Aepfel bekamen wir geschenkt. Für das Geld hatten wir ein Paar
wollene Handschuhe auf den Winter für Dich bestellt, damit Du
nicht so frieren sollst, liebe Mutter, und in kommender Woche an
Deinem Geburtstage wollten wir Dich damit anbinden. Ich wollte
die Aepfel und Nüsse in unserm kleinen Handkörbchen und Karl die
Handschuhe auf einem irdenen Teller Dir bringen. Siehst Du,
nun weißt Du Alles, liebe Mutter! Aber ach, nun ist Dir die
Freude verdorben!

Mutter (mit Thränen ihn küssend). Nicht verdorben, lieber

Fritz! Meine Freude ist nun doppelt groß!—Ach, verzeihe mir den Verdacht! Er kam aus Liebe zu Euch, Ihr sollt lieber sterben, als unehrlich sein.

Fritz. Aber, liebe Mutter, der arme Karl würde weinen, wenn Du ihm sagtest, daß Du ihn für so böse gehalten hast!—Er hat sich auf Deinen Geburtstag so herzlich gefreut! Laß uns schweigen von Deinem Verdachte und ihn auch nicht wissen, daß sein Geheimniß verrathen ist.

Mutter. Recht so, mein lieber Fritz, Deinem Karl soll die Freude nicht verdorben werden! Mir thut es leid genug, daß ich die Deine verdorben habe.

Fritz. O nein, o nein, lieb Mütterchen, keine Freude verdorben! Giebt es wohl eine größere für mich, als die, daß Du keinen Kummer mehr hast?

Schlez.

132. Die Sonne bringt es an den Tag.

Gemächlich in der Werkstatt saß
Zum Frühtrunk Meister Nikolas.
Die junge Hausfrau schenkt' ihm ein,
Es war im heitern Sonnenschein.—
    Die Sonne bringt es an den Tag.

Die Sonne blinkt von der Schale Rand,
Malt zitternde Kringeln an die Wand,
Und wie den Schein er in's Auge faßt,
So spricht er für sich, indem er erblaßt:
    „Du bringst es doch nicht an den Tag."—

„Wer nicht? was nicht?" die Frau fragt gleich:
„Was stierst Du so an? was wirfst Du so bleich?"
Und er darauf: „Sei still, nur still;
Ich's doch nicht sagen kann, noch will.
    Die Sonne bringt's nicht an den Tag."

Die Frau nur dringender forscht und fragt,
Mit Schmeicheln ihn und Hadern plagt,
Mit süßem und mit bitterm Wort,
Sie fragt und plagt ihn fort und fort:
    „Was bringt die Sonne nicht an den Tag?"–

„Nein, nimmermehr!"—„Du sagst es mir noch."—
„Ich sag' es nicht."—„Du sagst es mir doch."—
Da ward zuletzt er müd' und schwach,
Und gab der Ungestümen nach.—
    Die Sonne bringt es an den Tag.

„Auf der Wanderschaft, 's sind zwanzig Jahr',
Da traf es mich einst ganz sonderbar,
Ich hatt' nicht Geld, nicht Ranzen, noch Schuh',
War hungrig und durstig und zornig dazu.—
    Die Sonne bringt's nicht an den Tag.

Da kam mir just ein Jud' in die Quer',
Ringsher war's still und menschenleer:
Du hilfst mir, Hund, aus meiner Noth;
Den Beutel her, sonst schlag' ich dich todt!
    Die Sonne bringt's nicht an den Tag.

Und er: Vergieße nicht mein Blut!
Acht Pfennige sind mein ganzes Gut!
Ich glaubt' ihm nicht und fiel ihn an;
Er war ein alter, schwacher Mann—
    Die Sonne bringt's nicht an den Tag.

So rücklings lag er blutend da.
Sein brechendes Aug' in die Sonne sah;
Noch hob er zuckend die Hand empor,
Noch schrie er röchelnd mir in's Ohr:
    Die Sonne bringt es an den Tag.

Ich macht' ihn schnell noch vollends stumm
Und kehrt ihm die Taschen um und um:
Acht Pfenn'ge, das war das ganze Geld.
Ich scharrt' ihn ein auf selbigem Feld—
    Die Sonne bringt's nicht an den Tag.

Dann zog ich weit und weiter hinaus,
Kam hier in's Land, bin jetzt zu Haus.—
Du weißt nun meine Heimlichkeit,
So halte den Mund und sei gescheidt;
    Die Sonne bringt's nicht an den Tag.

Waun aber sie so flimmernd scheint,
Ich merk' es wohl, was sie da meint,
Wie sie sich müht und sich erbost—
Du, schau' nicht hin und sei getrost!
   Sie bringt es doch nicht an den Tag!"

So hatte die Sonn' eine Zunge nun,
Der Frauen Zungen ja nimmer ruh'n.—
„Gevatterin, um Jesus Christ!
Laßt euch nicht merken, was ihr nun wißt!"—
   Nun bringt's die Sonne an den Tag.

Die Raben ziehen krächzend zumal
Nach dem Hochgericht, zu halten ihr Mahl.
Wen flechten sie auf's Rad zur Stund?
Was hat er gethan? Wie ward es kund?
   Die Sonne bracht' es an den Tag.

133. Die überwundene Versuchung.

(Hans und Fritz gehen über Feld.)

Hans (steht plötzlich still, bückt sich und hebt Etwas von der Erde auf). Ei, sieh' doch, Fritz, was ich da finde! Das Ding ist ordentlich schwer.

Fritz (hinsehend). Das ist ein Päckchen mit Geld; sieh', hier steht es geschrieben: „Enthaltend 50 Thaler."

Hans (hüpfend). O, welch ein Glück! Das macht für Jeden von uns fünfundzwanzig Thaler. Laß uns gleich theilen— —(will ihm das Päckchen aus der Hand nehmen).

Fritz. Du thust ja, Hans, als ob das Geld uns gehörte!

Hans (ihn verwundert ansehend). Uns gehörte? Wem gehört es denn sonst?

Fritz. Dem, der es verloren hat!

Hans. Ja, wer weiß, wo der ist!

Fritz. Wir müssen ihn aufzufinden suchen.

Hans. Wie machen wir denn das?

Fritz. Weißt Du nicht mehr, was neulich unser Lehrer sagte? Wir tragen das Geld auf's Amt; es wird dann allenthalben bekannt gemacht, daß Geld gefunden worden sei und wer dann beweisen kann, daß er es verloren, der erhält es wieder.

Hans. Und wenn sich Niemand meldet— —?

Fritz. Dann erst dürfen wir es behalten.

Hans. Hör', Fritz! ich wollte, es meldete sich Niemand.

Fritz. Das ist nicht wahrscheinlich; eher glaube, daß die Nachfrage nach dem Verlorenen unserer Anzeige zuvorkommen wird.

Hans. Aber—könnten wir nicht—

Fritz. Nun, was denn?

Hans. —stillschweigen und thun, als ob wir Nichts gefunden hätten, denn Keiner hat uns doch—

Fritz (ihn unterbrechend). Wir sollten also Diebe werden, meinst Du; denn das würden wir, wenn wir wissentlich und absichtlich fremdes Eigenthum behielten. Nein, Hans! wenn Du ein so schlechter Junge bist, so mag ich nichts mehr mit Dir zu thun haben.

Hans (erschrocken). Diebe? Nein! Wenn Du das meinst —aber es ist doch verdrießlich—ich hatte mich schon so gefreut.

Fritz. Wir wollen uns darüber freuen, daß der Reisende sein Geld wieder erhalten wird. Vielleicht war es ein armer Bote, der jetzt in der größten Angst ist und sich nur damit tröstet, daß ein ehrlicher Finder es gefunden.

Hans. Es ist wahr, Fritz! Meine Gedanken waren auf einem bösen Wege; es soll künftig nicht wieder so kommen. (Er reicht ihm die Hand.)

Fritz. „Ehrlich währt am längsten," sagt der Lehrer immer, und mein Herz sagt mir, daß er Recht hat.

Falkmann.

134. Johann, der Seifensieder.

Johann, der munt're Seifensieder,
Erlernte viele schöne Lieder
Und sang mit unbesorgtem Sinn
Den Tag bei seiner Arbeit hin.
Zu beißen hatt' er oft sehr wenig;
Doch war er froher als ein König,
Und seiner hellen Stimme Kraft
Durchdrang die ganze Nachbarschaft.
Man horcht, man fragt: „Wer singt schon wieder?
„Wer ist's?—Der munt're Seifensieder."

Es wohnet neben diesem an
Ein reicher, fauler, feister Mann,

Der praſſelnd oft die halbe Nacht durchwachte,
Und dann zur Nacht den lieben Morgen machte.
Doch ſchloß er kaum die Augen zu,
So ſtört' ihn ſchon in ſeiner Ruh',
Durch ſeine frohen Morgenlieder,
Johann, der munt're Seifenſieder.

Drob zürnt der reiche, faule Mann,
Und hebt, wenn Jener ſingt, voll Unmuth an:
„Der Geier hole deiner Lieder,
Vermaledeiter Seifenſieder!
Ach wäre doch, zu meinem Heil,
Der Schlaf hier wie die Auſtern feil!"

Den Sänger, den er früh vernommen,
Läßt er des Mittags zu ſich kommen.
Und ſpricht: „Mein luſtiger Johann,
Wie geht es Euch? Wie fangt Ihr's an?
Ein Jeder rühmt mir Eure Waare.
Sagt, wie viel bringt ſie ein im Jahre?"

Seifenſieder.

Im Jahre? Herr, mir fällt nicht bei,
Wie groß im Jahr mein Vortheil ſei.
So rechn' ich nicht. Ein Tag beſcheeret,
Was der, ſo auf ihn folgt, verzehret.
Das kömmt im Jahr, ich weiß die Zahl,
Dreihundertfünfundſechzig mal. ✒

Der reiche Müßiggänger.

Schon recht; doch könnt Ihr mir nicht ſagen,
Was pflegt ein Tag wohl einzutragen?

Seifenſieder.

Mein Herr, Ihr forſchet allzuſehr.
Der eine weniger, der and're mehr,
So wie's dann fällt. Mich zwingt zur Klage
Nichts, als die vielen Feiertage
Ja, wer die alle roth gefärbt,
Der hatte wohl, wie Ihr, geerbt,
Dem war die Arbeit wohl zuwider;
Gewiß, der war kein Seifenſieder.

Der reiche Mann, gar sehr erfreut
Ob dieser guten Nachricht, beut
Dem liederreichen Nachbarsmann
Viel schöne, blanke Thaler an;
Nur daß er künftig nicht mehr singe
Und um den Morgenschlaf ihn bringe.

Johann verspricht's, läuft hocherfreut
Mit seinen Thalern heim und scheut
Wie Diebesaugen Aller Blicke,
Ist ganz betäubt von seinem Glücke,
Zählt, streichelt, küßt sogar sein Geld,
Und wähnt sich nun den Glücklichsten der Welt.

Um seinen lieben Schatz zu hüten
Und schnöden Dieben Trotz zu bieten,
Verwahrt er ihn bei Tag und Nacht
In einem wohlbeschlag'nen Kasten;
Doch so auch kann er noch nicht rasten,
Weil ihm jetzt Alles Argwohn macht.
Sobald sich nur der Haushund reget,
Sobald der Kater sich beweget
Springt er erschrocken auf und glaubt,
Man hab' ihn wirklich schon beraubt,
Bis, oft gestoßen, oft geschmissen,
Sich endlich beide packen müssen.

Er sieht zuletzt, je mehr er spart,
Daß Sorge sich mit Reichthum paart,
Sieht alle Ruhe, alle Freuden
Sich unbarmherzig von ihm scheiden.
Ihm schmeckt kein Essen, schmeckt kein Trank,
Und Seufzer hört man statt Gesang.

Zuletzt erwacht sein vor'ger Sinn;
Schnell läuft er zu dem Nachbar hin
Und spricht: „Herr, lehrt mich beßre Sachen,
Als, statt des Singens, Geld bewachen!
Nehmt Eure Thaler wieder hin
Und laßt mir meinen frohen Sinn!
Mag, wer da will, Euch Euer Glück beneiden!
Ich tausche nicht mit Euren Freuden.

Mir ward statt Gold und Goldesklang
Ein froher Sinn und froher Sang.
Was ich gewesen, werd' ich wieder:
Johann, der muntre Seifensieder."

Hagedorn.

135. Seltene Gerechtigkeitsliebe.

Auf seinem Zuge, die Welt zu bezwingen, kam Alexander, der Macedonier, zu einem Volke in Afrika, das in einem abgesonderten Winkel in friedlichen Hütten wohnte und weder Krieg noch Eroberer kannte. Man führte ihn in die Hütte des Beherrschers, um ihn zu bewirthen. Dieser setzte ihm goldene Datteln, goldene Feigen und goldenes Brod vor. „Esset Ihr das Gold hier?" fragte Alexander. „Ich stelle mir vor," sprach der Beherrscher, „genießbare Speisen hättest Du in Deinem Lande wohl auch finden können. Warum bist Du zu uns gekommen?" „Euer Gold hat mich nicht hierher gelockt," antwortete Alexander, „aber Eure Sitten möchte ich kennen lernen." „Nun wohl," erwiederte Jener, „so weile denn bei uns, so lange es Dir gefällt."

Indem sie sich so unterhielten, kamen zwei Bürger vor Gericht. Der Kläger sprach: „Ich habe von diesem Manne ein Grundstück gekauft und als ich den Boden durchgrub, fand ich einen Schatz. Dieser ist nicht mein, denn ich habe nur das Grundstück erstanden, nicht den darin verborgenen Schatz, und gleichwohl will ihn der Verkäufer nicht nehmen." Der Beklagte antwortete: „Ich bin eben so gewissenhaft, als mein Mitbürger. Ich habe ihm das Gut sammt Allem, was darin verborgen war, verkauft und also auch den Schatz." Der Richter wiederholte ihre Worte, damit sie sähen, ob er sie recht verstanden hätte und nach einiger Ueberlegung sprach er: „Du hast einen Sohn, Freund, nicht?"—„Ja!"—„Und Du eine Tochter?"—„Ja!"—„Nun wohl, Dein Sohn soll Deine Tochter heirathen und das Ehepaar den Schatz zum Heirathsgute bekommen."

Alexander schien betroffen. „Ist etwa mein Ausspruch ungerecht?" fragte der Beherrscher. „O nein," erwiederte Alexander, „aber er befremdet mich." „Wie würde denn die Sache in Eurem Lande ausgefallen sein?" fragte Jener. „Die Wahrheit zu gestehen," antwortete Alexander, „wir würden beide Männer in Verwahrung gehalten und den Schatz für den König in Besitz genommen haben." „Für den König?" fragte der Beherrscher voller Verwunderung. „Scheinet auch die Sonne auf jener Erde?" „O

ja!" „Regnet es dort?" „Allerdings!" „Sonderbar! Giebt
es auch zahme, krautfressende Thiere dort?" „Von mancherlei Art."
„Nun," sprach der Beherrscher, „so wird wohl das allgütige Wesen
um dieser unschuldigen Thiere wegen in Eurem Lande die Sonne
scheinen und es regnen lassen; Ihr verdient es nicht!"

• Engel.

136. Der großmüthige Räuber.

Auf off'nem Weg' hielt einen Wandersmann
Ein Räuber, nah' bei London, an.
„Ach!" sprach der arme Wandersmann,
„Ich bitt' Euch, laßt mir nur das Leben;
Ich hab' Euch ja kein Leid's gethan,
Und wollt' Euch gern, was Ihr verlanget, geben;
Doch heute hab' ich Nichts bei mir.
Ich geh' jetzt nach der Stadt, um da zehn Pfund zu heben;
Und morgen bin ich wieder hier
Und theile sie mit euch, so wahr Gott über mir!"

„Gut," fing der Räuber an, „Du hast geschworen,
Ich glaube Dir's. Geh' fort! Ich wünsche Dir viel Glück!"—
In Kurzem kam der Wandersmann zurück.
„Ach!" sprach er mit erfreutem Blick,
„Seht, was ich Aermster fand! Ihr habt's doch wohl verloren;
Zehn Pfund und mehr noch, welch' ein Glück!
Und diese bring' ich Euch zurück;
Erlaßt mir das, was ich beschworen."
„Nein," hub der Räuber an, „ich habe Nichts verloren,
Behaltet Euer Geld, weil Ihr so ehrlich seid."
So fühlt oft selbst ein Schelm den Werth der Redlichkeit!

Gellert.

137. Sprichwörter und Denksprüche.

Alles hat seine Zeit.—Aufgeschoben ist nicht aufgehoben.—
Am Riemchen lernen Hunde Leder kauen.—Bricht ein Ring, so
reißt die ganze Kette.—Der Gebrannte fürchtet das Feuer.—Des
Herrn Auge macht die Pferde fett.—Eile thut selten gut.—Ein
räudig Schaf steckt die ganze Heerde an.—Eine Krähe hackt der
andern die Augen nicht aus.—Einem fliehenden Feinde muß man
eine Brücke bauen.—Erfahrung ist die beste Lehrmeisterin.—Ein

Esel heißt den andern einen Sackträger.—Ein magerer Vergleich ist besser, als ein fetter Prozeß.—Gute Bäume tragen zeitig.—Geradezu ist der nächste Weg.—Geduld überwindet Alles.—Gleiche Brüder, gleiche Kappen.—Heute mir, morgen dir.—Jedem Narren gefällt seine Kappe.—Im Trüben ist gut fischen.—Je größer der Baum, desto schwerer der Fall.—Kehre erst vor deiner Thüre. —Keine Antwort ist auch eine Antwort.—Man muß den schönsten Tag nicht vor dem Abende loben.—Niemand kann zwei Herren dienen.—Prahler, schlechte Zahler.—Recht gethan, ist viel gethan. —Thue Recht, scheue Niemand.—Undank ist der Welt Lohn.— Uebermuth thut niemals gut.—Viele Köche verderben den Brei. Verkaufe das Fell nicht, ehe du den Bären hast.—Wer den Schaden hat, darf für den Spott nicht sorgen.—Wer lang hat, läßt lang hängen.—Wer zuerst in die Mühle kommt, mahlt zuerst.—Wer nicht arbeiten will, soll auch nicht essen.—Was ein guter Haken werden will, krümmt sich bei Zeiten.—Wenn es dem Esel zu wohl wird, geht er auf's Eis tanzen.—Was lange währt, wird gut.—Wer bald giebt, giebt doppelt.

Besser ein Gericht Kraut mit Ruhe, als ein gebratener Ochs mit Unruhe.—Ein reines Herz und froher Muth ist besser, als viel Geld und Gut.—Frühe auf und späte nieder, bringt verlor'ne Güter wieder.—Grobheit und Stolz wachsen auf einem Holz.—Lieber ein Unrecht gelitten, als vor Gericht darüber gestritten.—Mit Vielem hält man Haus, mit Wenig kommt man aus.—Rühme gern, was rühmlich scheint, tadeln macht dir keinen Freund.—Schamhaft müssen Kinder sein, das steht ihnen hübsch und fein.—Von Freunden in der Noth gehn hundert auf ein Loth.—Wer im Sommer nicht mag schneiden, muß im Winter Hunger leiden.—Wie die Alten sungen, so zwitschern auch die Jungen.—Wie der Acker, so das Getreide; wie die Wiese, so die Weide; wie der Herr, so der Knecht; wie der Krieger, so das Gefecht.

138. Der Affe und der Geizige.

Einst hielt ein Geiziger sich einen Affen.
Ein Geizhals sein und den sich anzuschaffen,
Das scheint dir sonderbar; allein bedenke doch):
Gesellschaft kostet Geld und Menschen können stehlen.
Auch hat der Affe diese Tugend noch:
Sein Herr darf Nichts vor ihm verhehlen;
Er darf vor seinen Augen rechnen, zählen,

7

Kein Mensch erfährt's, er stört ihn nie darin.
Kurz, die Gesellschaft war nach unsers Harpax Sinn.

Der Glockenschlag rief einst den Mann zur Kirche hin;
Denn durch sein Fasten, Beten, Singen
Dacht' er dem Himmel noch mehr Gaben abzuzwingen;
Da ließ er in der Eil' das Schreibpult offen steh'n,
Wo ihn sein Petz im Gold oft hatte wühlen seh'n.
Der Affe, der den Haufen Gold erblicket,
Und den die Langeweile drücket,
Sinnt sich gar bald ein Spielchen aus.
Er fängt ein Goldstück an hervorzulangen,
Und zielt und wirft es durch die Fensterstangen.
Er wiederholt sein Spiel, man sammelt sich um's Haus,
Man ruft: „Mir auch ein Stück, mein Petzchen!" fängt und
                springet,
Und wem mit Hut und Hand ein Fang gelinget,
Dem jagt's ein Andrer wieder ab.

Indem der Affe noch dies Schauspiel gab,
Kam unser Harpax.—„Was ist hier zu sehen?
Worüber lacht man denn?—O wehe mir!
Mein schönes Gold! Verfluchter Räuber, dir
Will ich den Kopf vom Rumpfe drehen!
Das Eingeweide will ich dir
Aus deinem Leibe reißen!"— —„Mäßigt Eure Hitze,"
Sprach hier ein Greis; „das Geld ist Euch so wenig nütze,
Als ihm. Er wirft es weg, Ihr sperrt es ein;
Wer mag von Euch der Klügste sein?"

Hagedorn.

139. Brich dem Hungrigen dein Brod.

Im jetzigen Großherzogthume Mecklenburgs lebte zu Anfange
dieses Jahrhunderts ein wahrhaft christlich gesinnter Pachter auf
einem Edelhofe. Dieser besuchte seinen Schwager, der in einem
andern Dorfe wohnte und blieb bei diesem über Nacht. Als beide
in vertraulichen Gesprächen vor der Hausthüre saßen, ging ein kleines Mädchen in ganz zerrissenen Kleidern des nahen Weges vorüber. Der Pachter bemerkte es und sagte zu seinem Schwager,
darauf hindeutend: „Wie das Kind so elend einhergeht; seine Mutter muß ein faules, gottvergessenes Weib sein!" Der Schwager

antwortete: „Ach es hat nicht Vater, noch Mutter mehr und Niemand sonst, der sich seiner annähme! Vor einem Vierteljahre sind beide Aeltern gestorben. Nun geht es mit noch zwei Geschwistern wie in der Irre umher. Wenn sie hungrig werden, setzen sie sich wohl vor der Leute Thür hin und nehmen den Bissen Brod, der ihnen gereicht wird, dankbar an. Aber betteln hört man sie nicht; dazu sind sie zu schamhaft."

Diese Worten griffen dem jungen Pachter an's Herz. „Es ist vor Gott nicht erlaubt," sagte er, „daß man unschuldige Kinder so verlassen gehen läßt. Ich muß Euch gestehen, Schwager, daß ich große Lust habe, sie zu mir zu nehmen." Der Schwager und dessen Frau suchten ihm diesen Vorsatz auszureden und erinnerten ihn an seine eigene Familie, an das Beschwerliche und Bedenkliche eines solchen Unternehmens und an die nothwendige Zustimmung seiner Gattin. Er hatte aber seinen christlichen Entschluß bereits so fest gewonnen, daß er ihre Vorstellungen kaum beachtete.

Während der Nacht schlief er wenig und sann dem Beschlossenen weiter nach. Am andern Morgen ließ er die älteste unter den drei Waisen zu sich rufen. Es war ein Mädchen von zwölf Jahren, ein bescheidenes, hübsches Kind. „Wie ich höre," fing der gute Pachter an, „so hast Du Deine Aeltern verloren und ich sehe es an Deinen Kleidern, daß es Dir nicht gut geht. Aber hast Du denn keine Verwandte, die sich Deiner und Deiner Geschwister erbarmen?"

„Verwandte?" sagte das Kind, „ach ja; aber wir sind zu arm, als daß sie an uns denken möchten."—Das fuhr dem frommen Manne wie ein Blitz durch's Herz. „Möchtest Du denn wohl mit mir reisen und meine Tochter werden?" fragte er sanft.—„Ach, wie gern!" antwortete das Kind und blickte ihn mit treuen nassen Augen an.—„Gut, Du bist es!" sprach der Pachter. „Aber," fuhr er fort, „ich bin zu Pferde hier und kann für jetzt Niemand, als Deine kleine Schwester mit mir nehmen, die ich gestern sah. Bringe sie zu mir, Dich und Deinen Bruder hole ich nach."

Das Mädchen ging und holte das kleine Kind, welches damals vier Jahr alt war. Der freundliche Pachter wußte bald sein Vertrauen zu gewinnen und es zog freudig mit ihm.—Als er heimkehrend, von seiner Frau empfangen wurde, fragte diese verwundert: „Mann, was ist das für ein Kind?" „Es ist Dein Kind, liebe Frau!" war seine Antwort. „O nein, sage recht!" entgegnete sie. Nun erzählte er ihr den Vorfall, und während seiner Erzählung klammerte sich das Kleine fest an ihn und weinte. Es mochte ihm

dünken, als wenn es wieder einen Vater verlieren solle. Aber die
Frau war ihres guten Mannes werth. Sie weinte selbst, indem
sie die gute Waise zu sich zog, auf ihren Schooß nahm und mit den
Worten zu trösten suchte: „Weine nicht, mein Töchterchen, ich will
Deine Mutter sein!"

„Aber Frau," hob jetzt der Mann an, „es sind noch zwei an=
dere Kinder da, eine Schwester und ein Bruder, denen es nicht
besser geht." „Nun, mit Gott," sprach sie, „wenn Du willst, so
hole sie auch. Gott wird für Brod ja sorgen!"

Der Mann ließ sich das nicht zweimal sagen. Am nächsten
Morgen frühe spannte er einen Wagen an und war zeitig bei sei=
nem Schwager. Doch der Gutsherr des Dorfes war von ganz
anderem Sinne. Er ließ den Pachter rufen, schalt ihn, daß er ohne
Erlaubniß das jüngste Kind mit sich genommen und sagte: „Der
Vater dieser Kinder ist mir fünfzig und etliche Thaler schuldig
geblieben und dafür will ich sie leibeigen machen." „Nimmermehr,
gnädiger Herr!" antwortete der edle Pachter; „wenn es auf die
fünfzig und etliche Thaler ankommen soll, so reise ich nach Hause und
hole sie." Er ritt wirklich heim, kehrte mit dem Gelde zurück, be=
zahlte die Schuld und nahm die Kinder mit sich.

Wenn man ihn in späteren Jahren um seine Kinder befragte,
so pflegte er frohen Herzens zu antworten: „Ich habe zehn Kin=
der, sieben eigene und drei habe ich mir gekauft." Er erzog die drei
Waisen mit und gleich seinen eigenen Kindern und es hat ihn nicht
gereut. Sie geriethen wohl, arbeiteten für ihn nach besten Kräf=
ten, fanden ihr gutes Auskommen und blieben lebenslänglich dankbar.

Pustkuchen=Glanzow.

140. Die Wachtel und ihre Kinder.

Hoch wallte das goldene Weizenfeld
Und baute der Wachtel ein Wohngezelt.
Sie flog einst in Nahrungsgeschäften aus
Und kam erst am Abend wieder nach Haus.
Da rief der Kindlein zitternde Schaar:
„Ach, Mutter, wir schweben in großer Gefahr!
Der Herr dieses Feldes, der furchtbare Mann,
Ging heut' mit dem Sohn hier vorbei und begann:
Der Weizen ist reif, die Mahd muß gescheh'n,
Geh, bitte die Nachbarn, ihn morgen zu mäh'n."
„O," sagte die Wachtel, „dann hat es noch Zeit!
Nicht flugs sind die Nachbarn zu Diensten bereit."

D'rauf flog sie des folgenden Tages aus
Und kam erst am Abend wieder nach Haus.
Da rief der Kindlein zitternde Schaar:
„Ach, Mutter, wir schweben in neuer Gefahr!
Der Herr dieses Feldes, der furchtbare Mann,
Ging heut' mit dem Sohn hier vorbei und begann:
Uns ließen die treulosen Nachbarn im Stich;
Geh rings nun zu unsern Verwandten und sprich:
Wollt ihr meinen Vater recht wohlgemuth seh'n,
So helft ihm morgen sein Weizenfeld mäh'n!"
„O," sagte die Wachtel, „dann hat es noch Zeit!
Nicht flugs ist die Sippschaft zur Hülfe bereit."
D'rauf flog sie des folgenden Tages aus
Und kam erst am Abend wieder nach Haus.
Da rief der Kindlein zitternde Schaar:
„Ach, Mutter, wir schweben in höchster Gefahr!
Der Herr des Feldes, der furchtbare Mann,
Ging heut' mit dem Sohn hier vorbei und begann:
Uns ließen auch unsre Verwandten im Stich;
Ich rechne nun einzig auf dich und auf mich.
Wir wollen, wann morgen die Hähne kräh'n,
Selbander uns rüsten, den Weizen zu mäh'n."
„Ja," sagte die Wachtel, „jetzt ist's an der Zeit!
Macht schnell euch, ihr Kinder, zum Abzug bereit!"
Die Wachtel entfloh mit den Kleinen geschwind,
Und über die Stoppeln ging Tags d'rauf der Wind!

Langbein.

141. Hans und Liese.

Ein junges Ehepaar lebte recht vergnügt und glücklich beisammen und hatte den einzigen Fehler, der in jeder Brust daheim ist: wenn man's gut hat, hätt' man's gern besser. Aus diesem Fehler entstehen so viele thörichte Wünsche, woran es unserm Hans und seiner Liese nicht fehlte. Bald wünschten sie des Schulzen Acker, bald des Löwenwirths Geld, bald des Meiers Haus und Hof und Vieh, bald einmal hunderttausend Millionen baiersche Thaler kurz weg. Eines Abends aber, als sie friedlich am Ofen saßen und Nüsse aufklopften und schon ein tiefes Loch in den Stein geklopft hatten, kam durch die Kammerthür ein weißes Weiblein herein, nicht mehr als eine Elle lang, aber wunderschön von Angesicht und die ganze Stube war voll Rosenduft. Das Licht löschte aus, aber ein Schimmer wie Morgenroth, wenn die Sonne nicht mehr fern ist, strahlte von dem Fräulein aus und überzog alle Wände. Ueber so etwas kann man nun doch ein wenig erschrecken, so schön es aus= sehen mag. Aber unser junges Ehepaar erholte sich doch bald wie= der, als das Weiblein mit wundersüßer, silberreiner Stimme sprach: „Ich bin Eure Freundin, die Bergfee, Anna Fritze, die im krystalle= nen Schloß, mitten in den Bergen wohnt, mit unsichtbarer Hand Gold in den Rheinsand streuet und über siebenhundert dienstbare Geister gebietet. Drei Wünsche dürft Ihr thun, drei Wünsche sollen erfüllt werden. Hans drückte den Ellbogen an den Arm seiner Frau, als ob er sagen wollte: „das lautet nicht übel." Die Frau aber war schon im Begriff, den Mund zu öffnen und Etwas von ein paar Dutzend goldgestickten Hauben, seidenen Halstüchern und dergleichen zur Sprache zu bringen, als die Bergfee mit aufge= hobenem Zeigefinger warnte: „Acht Tage lang," sagte sie, „habt Ihr Zeit. Bedenkt Euch wohl und übereilt Euch nicht." „Das ist kein Fehler," dachte der Mann und legte seiner Frau die Hand auf den Mund. Das Bergfräulein aber verschwand. Die Lampe brannte wie vorher und statt des Rosenduftes zog wieder, wie eine Wolke, der Oeldampf durch die Stube.

So glücklich nun unsere guten Leute in der Hoffnung schon im Voraus waren und keinen Stern mehr am Himmel sahen, sondern lauter Baßgeigen, so waren sie doch jetzt recht übel daran, weil sie vor lauter Wunsch nicht wußten, was sie wünschen wollten und nicht einmal das Herz hatten, recht daran zu denken oder davon zu spre= chen, aus Furcht, es möchte für gewünscht passiren, ehe sie es genug überlegt hätten. „Nun," sagte die Frau, „wir haben ja noch Zeit bis zum Freitag."

Des andern Abends, während die Kartoffeln zum Nachtessen in der Pfanne prasselten, standen Beide, Mann und Frau, vergnügt an dem Feuer beisammen, sahen zu, wie die kleinen Feuerfünklein an der rußigen Pfanne hin und her züngelten, bald angingen, bald auslöschten, und waren, ohne ein Wort zu reden, vertieft in ihr künftiges Glück. Als aber die Frau die gerösteten Kartoffeln auf dem Plättchen anrichtete und ihr der Geruch lieblich in die Nase stieg:—„wenn wir jetzt nur ein gebratenes Würstlein dazu hätten," sagte sie in aller Unschuld und ohne an etwas Anderes zu denken, und—o weh! da war der erste Wunsch gethan.—Schnell, wie ein Blitz kommt und vergeht, kam es wieder wie Morgenroth und Rosenduft unter einander durch den Kamin herab und auf den Kar= toffeln lag die schönste Bratwurst.—Wie gewünscht, so geschehen.—

Wer sollte sich über einen solchen Wunsch und seine Erfüllung nicht
ärgern? Welcher Mann über solche Unvorsichtigkeit seiner Frau
nicht unwillig werden?

„Wenn Dir doch nur die Wurst an der Nase angewachsen
wäre!" sprach er in der ersten Ueberraschung, auch in aller Unschuld
und ohne an etwas Anderes zu denken;—und wie gewünscht, so geschehen. Kaum war das letzte Wort gesprochen, so saß die Wurst
auf der Nase des guten Weibes fest, wie angewachsen und hing zu
beiden Seiten hinab wie ein Husaren-Schnauzbart.

Nun war die Noth der armen Eheleute erst recht groß. Zwei
Wünsche waren gethan und vorüber und noch waren sie um keinen
Heller und um kein Weizenkorn, sondern nur um eine böse Bratwurst
reicher. Noch war ein Wunsch zwar übrig. Aber was half nun
aller Reichthum und alles Glück zu einem solchen Nasenzierrath der
Hausfrau? Wollten sie wohl oder übel, so mußten sie die Berg-
frau bitten, mit unsichtbarer Hand Barbiersdienste zu leisten und
Frau Lise von der vermaledeiten Wurst zu befreien. Wie gebeten,
so geschehen und so war der dritte Wunsch auch vorüber und die armen Eheleute sahen einander an, waren der nämliche Hans und die
nämliche Lise nachher wie vorher und die schöne Bergfee kam niemals wieder.

Merke: Wenn dir einmal die Bergfee kommen sollte, so sei
nicht geizig, sondern wünsche Numero Eins: Verstand, daß du wissen mögest, was du Numero Zwei wünschen sollest, um glücklich zu
leben; und weil es leicht möglich wäre, daß du alsdann Etwas
wähltest, was ein thörichter Mensch nicht hoch anschlägt, so bitte
Numero Drei: um beständige Zufriedenheit und keine Reue. Oder
so: Alle Gelegenheit, glücklich zu werden, hilft Nichts, wer den Verstand nicht hat, sie zu benutzen.

Hebel.

142. Das große Loos.

„Frau!" sagte Meister Till, „ich muß
Zuletzt noch aus der Stadt, so schlimm steh'n uns're Sachen.
Doch rührten wir auch jemals Hand und Fuß,
Dem Glück ein Pförtchen aufzumachen?
Pfui, laß uns nicht so schläfrig sein!
Laß uns noch heut' ein Lotterieloos kaufen!
Durch dieses Thürchen schleicht gewiß das Glück herein.
Und bringt uns Gold- und Silberhaufen."

Frau Till, ein Weibchen guter Art,
Sprach immer Ja zu allen Dingen.
Das Loos kommt an, wird heilig aufbewahrt,
Und unser Pärchen borgt und spart,
Um nach und nach den Einsatz zu erschwingen.
Doch das papierne Pförtchen stand
Ein halbes Jahr Fortunen offen,
Und immer noch ließ sie, als wär's ihr nicht bekannt,
Vergebens ihren Einzug hoffen.

Jetzt krähte schon der munt're Hahn
Den Morgen der Entscheidung an,
Und Till sprang jubelnd aus dem Bette.
„He, Weibchen, freue Dich mit mir!
Das große Loos—was gilt die Wette?—
Bekommt kein Menschenkind, als wir.
Ein gold'ner Traum hat mir's versprochen,
Und Träume halten gern mir Wort.
Bemüh' Dich nicht, für mich Kaffee zu kochen;
Ich will gleich fort, in's Lotteriehaus fort.
Zum letzten Mal vielleicht berühren meine Sohlen
Den harten Pflasterweg; denn steht das Glück uns bei,
Alsdann ade, Fußgängerei!
Ich lasse stracks mir eine Sänfte holen,
Und mache mich vor Stolz so schwer, wie Blei.
Die Sänfte, Kind, sei Dir so gut als Brief und Siegel,
Daß uns das große Loos gehört.
Erblick'st Du sie, dann wirf vor Freude, wie bethört,
Flugs Teller, Schüsseln, Töpf' und Tiegel,
Und Schrank und Tisch und Stuhl und Spiegel,
Wirf, wie man sagt, das ganze Haus
Zum Fenster Schlag auf Schlag hinaus!
Was sollen wir den alten Plunder schonen?
Wir werden bald in gold'nen Zimmern wohnen!"—

Er rannte fort, und seine Gattin sprach:
„Karl, lauf dem Vater schnell an's Lotteriehaus nach,
Und laure vor der Thür', bis man vom Saal hernieder
Nach einer Sänfte läuft und ruft;
Dann aber komm' im Fluge wieder.
Gleich einem Vogel in der Luft!"—

Das Knäblein hatte schier drei Stunden lange Weile,
Und hörte noch von dem, was es begierig dort
Erwartete, kein stummes Wort;
Doch plötzlich sprang in höchster Eile
Jemand die Trepp' herab, und oben rief's: „Fort, fort!
Nur eine Sänfte gleich! Geschwind, um Gottes Willen!"—
Karl fragte schnell: „Für wen, mein lieber Mann?"
Der Renner flog vorbei und fuhr ihn unsanft an:
„Für wen denn sonst, als Meister Tillen?"

    Der Bube flog hinweg, als ritt er gleich Kourier
Auf Doctor Faust's berühmten Mantel.
Die Mutter harrt' auf ihn mit flammender Begier
Und schwärmte, da er stammelnd ihr
Bericht gab, wie zuletzt vom Giftstich der Tarantel.
Sie sprang bacchantisch=wild, mit aufgelöstem Haar,
Und schleuderte durch's Fenster, was im Zimmer
Wand=, niet= und nagelfest nicht war.
Mit Brummen überstieg das Sänfteträger=Pack
Die vor der Thür gehäuften Trümmer.

    Man öffnet jetzt das kleine Haus
Und denkt, Herr Till wird flink heraus,
Trotz einem jungen Böcklein springen:
Doch welch ein Schreck!—Er liegt darin
Bewegungslos und ohne Sinn'
Als sollte man für ihn die Todtenmesse singen.
Man spritzt ihm Wasser in's Gesicht,
Man heult und schreit ihm in die Ohren:
Vergebens! er ermannt sich nicht
Und scheint für diese Welt verloren.

    Allein nach kurzem Zeitverlauf
Schlug er, geweckt durch steigendes Getümmel,
Die Augen mählig wieder auf,
Und seine Gattin rief: „O tausend Dank dem Himmel!
Ha Männchen," fuhr sie fort, „ward Dir vor Freude schwül?
Ja, ja, das große Loos ist traun! kein Pappenstiel!
Doch hätt' ich Dich darüber in der Blüthe
Des Lebes eingebüßt (davor mich Gott behüte!)
So wär' die Lotterie dennoch ein böses Spiel."—

Das ist sie!" sprach er matt: „Ich fiel
In Ohnmacht über—uns're Nichte."—

Das Dreißigtausendthaler=Loos
Warf einem reichen Mann' Fortuna in den Schooß,
Man munkle, wie man will, von dieser Menschenklasse,
Daß sie sich mit Gefühl und Mitleid nicht befasse;
Mich freut's, daß ich von dem, der jenes Loos gewann,
Ein and'res Liedchen singen kann,
Er hörte kaum durch fliegende Gerüchte
Tills tragi=komische Geschichte,
Da rief er seufzend aus: „Der arme, gute Mann!
Nein, ich will wahrlich nicht verschulden,
Daß er vor Gram vergeht!—Geschwind, geschwind, Johann,
Lauft hin und bringt ihm diesen Gulden!"—

Langbein.

143. Der ehrliche Spitzbube.

In einem kleinen Städtchen hatten sie einen Spitzbuben im Gefängniß sitzen und das Todesurtheil war bereits über ihn ausgesprochen. Er sollte geköpft werden. Aber es war um die Ernte=zeit und der Richtplatz mitten unter den Kornfeldern. Der Ma=gistrat oder die Obrigkeit fing an besorgt zu werden, falls man den Spitzbuben jetzt hinrichtete, würde von den Zuschauern alles Ge=treide zertreten werden. Sie hätten den Menschen wohl noch eine Zeit lang sitzen lassen, aber das kostete Geld; denn er mußte doch beköstigt und unterhalten sein.

Der Magistrat ließ den Menschen vor sich kommen. „Höre." fing der Bürgmeister an, „Du wirst doch wohl so viel begreifen, daß wir nicht jetzt Dich können abthun lassen; es ginge ja alles Korn zu Grunde. Wenn Du Dich einige Monate selbst zu ernäh=ren getrautest, so ließen wir Dich derweile laufen, aber Du müßtest wenigstens sechs Wochen vor Weihnachten wiederkommen." „Ja," antwortete der Spitzbube, „ernähren will ich mich wohl und will mich auch schon zur rechten Zeit wieder einstellen."

Man ließ den Menschen gehen; aber wer nicht zur bestimmten Zeit wiederkam, läßt sich wohl errathen. Indessen wider alles Erwarten stellte sich der Mensch einige Tage vor Weihnachten ein und entschuldigte sich sehr, daß er nicht zur rechten Zeit wiederge=kommen wäre; er wäre sehr krank gewesen und hätte nicht von der Stelle gekonnt. Jetzt wäre er nun da und sie möchten ihn nach

Gefallen hängen oder köpfen laſſen, wann und wie ſie wollten.
„Ja," ſagte der Bürgermeiſter, „das iſt wohl recht gut; aber es iſt
eine grimmige Kälte draußen und den Leuten, die der Hinrichtung
zuſehen wollten, würden ja Naſe und Ohren erfrieren. Nein! jetzt
iſt's wahrhaftig zu gefährlich! Und dann, wo ſoll die Zeit herkom=
men? Die Chriſtkuchen müſſen ja gebacken werden. Höre, wenn
Du Dich nur noch bis Oſtern herum hinhalten könnteſt, da hat Je=
dermann Zeit und dann iſt es auch beſſeres Wetter. Du wirſt ja
ſchon ſehen, wie Du es machſt: und Dich noch eine Zeit lang durch=
haspeln."—„Ja, nun ja," antwortete der Menſch, „wenn's nicht
anders ſein kann, ſo muß ich wohl zuſehen. Freilich wär' ich's
gern losgeweſen; indeſſen will ich doch ſchon zuſehen." Vor Oſtern
ſtellte ſich wirklich der Spitzbube abermals wieder ein, aber unter
dem Stadtmagiſtrate war damals wieder eine große Noth: denn
es war der Stadtkämmerer geſtorben, welcher alle Einnahmen und
Ausgaben der Stadt zu beſorgen hatte. Sie wußten nicht, wie ſie
die Stelle wieder beſetzen ſollten; denn ſie brauchten einen ehr=
lichen Mann, der den Magiſtrat nicht betröge. „Hört, ich weiß
was," ſagte der Bürgermeiſter zum Magiſtrate, „ich weiß einen ehr=
lichen Kerl zum Stadtkämmerer." „Nun, wen denn?" fragten die
Magiſtratsherren. „Unſern Spitzbuben!" ſagte der Bürgermeiſter.
„Der iſt gewiß ehrlich; denn er iſt nun zweimal wiedergekommen,
da er doch hätte leicht davon laufen können." „Das iſt wahr,"
riefen Alle, „das iſt wahr; laßt den Spitzbuben kommen!" Man
ſtellten dem Menſchen vor, er möchte das erledigte Amt annehmen;
es könne ihm ja auch nichts verſchlagen, wenn er ſchon nicht ge=
hängt würde. „Nun," ſagte der Spitzbube, „ſo will ich's denn nur
annehmen.' Er nahm's an und wurde Stadtkämmerer.

Zerrenner.

144. Der ſchlaue Zahnarzt.

Ein Zahnarzt kündet Haus bei Haus:
„Ich wohne hier im braunen Herzen;
Da zieh' ich kranke Zähne aus,
Und ohne die geringſten Schmerzen.
Doch muß ein Jeder mir zuvor,
Erlegen einen Louisd'or,
Und ſetze ich bei reichen Kranken
Beſond'rer Wohlthat keine Schranken."

„Der Mann kommt wie von Gott gesandt!"
Sprach, als er's hört', der Hofrath Linde,
Befahl dann: Friedrich, angespannt,
Zum Zahnarzt! aber ganz geschwinde!"
Der Hofrath war sehr übel b'ran:
Er hatte einen Backenzahn,
Der ihm bei Tage und bei Nachte
Die fürchterlichsten Schmerzen machte.

Nicht lange und der Wagen hielt
„Vor'm Gasthof zu dem braunen Herzen."
Drei Zimmer waren angefüllt
Mit Menschen, die sich ohne Schmerzen
Von ihrem Zahnweh gern befrei't
Zu sehen wünschten.—Lange Zeit
Mußt' hier der Hofrath steh'n und warten:
Es ging nach nummerirten Karten.

Zwei Zimmer waren schon geleert.
Dem Hofrath wurde schon beklommen,
Da auch nicht einer wiederkehrt
Zu sagen, wie es ihm bekommen.
Doch hatte dies gar guten Grund:
Der Eingang war von vorne, und
An wem die Wunderkur vollführet,
Ward dann nach hinten 'nausspediret.

Jetzt endlich kommt des Doctors Mohr
Und kommandirt: „Herr Hofrath Linde!"
Der Hofrath zahlt drei Louisd'or
Und folget dann durch ein Gewinde
Von Zimmern, Gängen, Corridors,
Bis ihm die Stimme sagt des Mohrs:
„Nur hier herein mit Ihrem Zahne,
Verfall'n ist er dem Pelikane."

Mit Zagen tritt der Hofrath ein.
Der Doctor zeigt auf einen Sessel.
Der Kranke pflanzt sich dahinein,
Doch sitzt er wie auf Dorn' und Nessel.
„Wo steckt denn nun der kranke Zahn?"
Der Hofrath zeigt's dem Doctor an.

Ein fürchterlicher Ruck, ein Knacksen,—
Da liegt der Zahn, der sehr verwachsen.

„Ha!“ schreit der Hofrath voller Wuth:
„So also pflegt Ihr Wort zu halten?
Ein solcher Schmerz! Mein Kopf! Das Blut!
Die Kinnlad’ habt Ihr mir gespalten!“
Der Doctor spricht: „Ihr Zahn ist ’raus.
Ich zog ihn ohne Schmerzen aus;
Denn würde mich der Schmerz erfassen,
So ständ’ ich hier nicht so gelassen!“

145. Das gute Heilmittel.

Kaiser Joseph II. in Wien war ein weiser und wohlthätiger
Monarch, wie Jedermann weiß, aber nicht alle Leute wissen, wie er
einmal der Doctor gewesen ist und eine arme Frau geheilt hat.
Eine arme kranke Frau sagte zu ihrem Büblein: „Kind, hol’ mir
einen Doctor; sonst kann ich’s nimmer aushalten vor Schmerzen!“
Das Büblein lief zum ersten Doctor und zum zweiten; aber keiner
wollte kommen, denn in Wien kostet ein Gang zu einem Kranken
einen Gulden und der arme Knabe hatte nichts als Thränen, die
wohl im Himmel für gute Münze gelten, aber nicht bei allen Leuten
auf der Erde.

Als er aber zum dritten Doctor auf dem Wege war, fuhr
langsam der Kaiser in einer offenen Kutsche an ihm vorbei. Der
Knabe hielt ihn wohl für einen reichen Herrn, ob er gleich nicht
wußte, daß es der Kaiser sei, und dachte: Ich will’s versuchen.
„Gnädiger Herr,“ sagte er, „wollet Ihr mir nicht einen Gulden
schenken? Seid so barmherzig!“ Der Kaiser dachte: Der faßt’s
kurz und denkt, wenn ich den Gulden auf einmal bekomme, so brauch
ich nicht sechzigmal um den Kreuzer zu betteln. „Thut’s ein Zwan=
ziger nicht auch?“ fragte ihn der Kaiser. Das Büblein sagte:
„Nein!“ und offenbarte ihm, wozu er des Geldes benöthigt wäre.

Also gab ihm der Kaiser den Gulden und ließ sich genau von
ihm beschreiben, wie seine Mutter heiße und wo sie wohne und wäh=
rend das Büblein zum dritten Doctor springt und die kranke Frau
daheim betet, der liebe Gott wolle sie doch nicht verlassen, fährt der
Kaiser zu ihrer Wohnung und verhüllt sich ein wenig in seinen
Mantel, also, daß man ihn nicht recht erkennen konnte, wer ihn nicht
genau ansah. Als er aber zu der kranken Frau in ihr Stübchen
kam—und es sah recht leer und betrübt darin aus—meinte sie, es

sei der Doctor und erzählte ihm ihren Umstand und wie sie noch so arm dabei sei und sich nicht pflegen könne.

Der Kaiser sagte: „Ich will Euch denn jetzt ein Recept verschreiben," und sie sagte ihm, wo des Bübleins Schreibzeug sei. Also schrieb er das Recept und belehrte die Frau, in welche Apotheke sie es schicken müsse, wenn das Kind heimkomme und legte es auf den Tisch. Als er aber kaum eine Minute fort war, kam der rechte Doctor auch. Die Frau verwunderte sich nicht wenig, als sie hörte, er sei auch der Doctor und entschuldigte sich, es sei schon so einer dagewesen und habe ihr etwas verordnet und sie habe nur auf ihr Büblein gewartet.

Als aber der Doctor das Recept in die Hand nahm und sehen wollte, wer bei ihr gewesen sei und was für einen Trank, oder was für Pillen er ihr verordnet habe, erstaunte er auch nicht wenig und sagte zu ihr: „Frau, Ihr seid einem guten Arzte in die Hände gefallen; denn er hat Euch fünfundzwanzig Dublonen verordnet, beim Zahlamte zu erheben und unten d'ran steht: „Joseph" wenn Ihr ihn kennt. Eine solche Arznei hätte ich Euch nicht verschreiben können."

Da that die Frau einen Blick gen Himmel und konnte nichts sagen vor Dankbarkeit und Rührung und das Geld wurde hernach richtig und ohne Anstand von dem Zahlamte ausgezahlt, und der Doctor verordnete ihr einen Trank; und durch die gute Arznei und die gute Pflege, die sie sich jetzt verschaffen konnte, stand sie in wenig Tagen wieder auf gesunden Beinen. Also hat der Doctor die kranke Frau geheilt und der Kaiser die arme aus der Noth gerettet.

Hebel.

146. Der Köhler und der Bleicher.

Ein Köhler sprach den Bleicher an:
„Ich seh', Du bist ein wack'rer Mann!
D'rum bitt' ich, Freund, zieh' bei mir ein,
Wir wollen Eins in Allem sein,
Und selbst der Neid soll von uns sagen,
Daß wir wie Brüder uns vertragen."
D'rauf ließ sich der Bleicher hören:
„Freund, uns're Brüderschaft in Ehren,
Den Vorschlag nehm' ich doch nicht an;
Zög ich zu Dir, was wär' es dann?
Hätt' ich mein Linnen mit Bedacht

Durch Asch' und Seife klar gemacht,
Wohin sollt' ich's zu trocknen hangen?
Wohin, bitt' ich, an jene Stangen,
Die Du beschwerst mit Kohlensäcken?
O weh, wie würd' ich's da beflecken!
Mein schönes Linnen, nett und rein!
Bis in die Ewigkeit hinein
Hätt' ich zu waschen und zu bleichen
Und würde nie mein Ziel erreichen!"

So ist der Lauf der großen Welt:
Wer zu den Bösen sich gesellt,
Der wird betrogen ganz und gar.—
Das macht die kleine Fabel wahr.

147. Kannitverstan.

Der Mensch hat wohl täglich Gelegenheit, Betrachtungen über den Unbestand aller irdischen Dinge anzustellen, wenn er will, und zufrieden zu werden mit seinem Schicksal, wenn auch nicht viel gebratene Tauben für ihn in der Luft herumfliegen. Aber auf dem seltsamsten Umweg kam ein deutscher Handwerksbursche im Amsterdam durch den Irrthum zur Wahrheit und zu ihrer Erkenntniß. Denn als er in diese große und reiche Handelsstadt voll prächtiger Häuser, wogender Schiffe und geschäftiger Menschen gekommen war, fiel ihm sogleich ein großes und schönes Haus in die Augen, wie er auf seiner ganzen Wanderschaft von Tuttlingen bis nach Amsterdam noch keines gesehen hatte. Lange betrachtete er mit Verwunderung dieses kostbare Gebäude, die Kamine auf dem Dach, die schönen Gesimse und die hohen Fenster, größer als an des Vaters Haus daheim die Thür. Endlich konnte er sich nicht enthalten, einen Vorübergehenden anzureden. „Guter Freund," redete er ihn an, „könnt Ihr mir nicht sagen, wie der Herr heißt, dem dieses wunderschöne Haus gehört mit den Fenstern voll Tulipanen, Sternenblumen und Levkoien?"—Der Mann aber, der vermuthlich etwas Wichtigeres zu thun hatte und zum Unglück gerade so viel von der deutschen Sprache verstand, als der Fragende von der holländischen, nämlich Nichts, sagte kurz und schnauzig: „Kannitverstan;" und schnurrte vorüber. Dies war ein holländisches Wort oder drei, wenn man's recht betrachtet, und heißt auf deutsch so viel als: Ich kann euch nicht verstehn. Aber der gute Fremdling glaubte, es sei der Name des Mannes, nach dem er gefragt hatte.

Das muß ein grundreicher Mann sein, der Herr Kannitverstan, dachte er und ging weiter. Gaß aus, Gaß ein kam er endlich an den Meerbusen, der da heißt: „Het Ey," oder auf deutsch: „das Ypsilon." Da stand nun Schiff an Schiff und Mastbaum an Mastbaum; und er wußte anfänglich nicht, wie er es mit seinen zwei einzigen Augen durchfechten werde, alle diese Merkwürdigkeiten genug zu sehen und zu betrachten, bis endlich ein großes Schiff seine Aufmerksamkeit an sich zog, das vor Kurzem aus Ostindien angelangt war und jetzt eben ausgeladen wurde. Schon standen ganze Reihen von Kisten und Ballen auf- und nebeneinander am Lande. Noch immer wurden mehrere heraufgewälzt, und Fässer voll Zucker und Kaffee, voll Reis und Pfeffer. Als er aber lange zugesehen hatte, fragte er endlich einen, der eben eine Kiste auf der Achsel heraustrug, wie der glückliche Mann heiße, dem das Meer alle diese Waaren an das Land bringe. „Kannitverstan," war die Antwort. Da dachte er: „Haha, schaut's da heraus? Kein Wunder! Wem das Meer solche Reichthümer an das Land schwemmt, der hat gut solche Häuser in die Welt stellen und solcherlei Tulipanen vor die Fenster in vergoldeten Scherben." Jetzt ging er wieder zurück und stellte eine recht traurige Betrachtung bei sich selbst an, was er für ein armer Mensch sei unter so vielen reichen Leuten in der Welt. Aber als er eben dachte: wenn ich's doch nur auch einmal so gut bekäme wie dieser Herr Kannitverstan es hat, kam er um eine Ecke, und erblickte einen großen Leichenzug. Vier schwarz vermummte Pferde zogen einen ebenfalls schwarz überzogenen Leichenwagen langsam und traurig, als ob sie wüßten, daß sie einen Todten in seine Ruhe führten. Ein langer Zug von Freunden und Bekannten des Verstorbenen folgte nach, Paar und Paar verhüllt in schwarze Mäntel und stumm. In der Ferne läutete ein einsames Glöcklein. Jetzt ergriff unsern Fremdling ein wehmüthiges Gefühl, das an keinem guten Menschen vorübergeht, wenn er eine Leiche sieht und er blieb mit dem Hut in den Händen andächtig stehen, bis Alles vorüber war. Da machte er sich an den Letzten vom Zug, der eben in der Stille ausrechnete, was er an seiner Baumwolle gewinnen könnte, wenn der Centner um zehn Gulden aufschlüge, ergriff ihn sachte am Mantel und bat ihn treuherzig um Entschuldigung. „Das muß wohl auch ein guter Freund von Euch gewesen sein," sagte er, „dem das Glöcklein läutet, daß Ihr so betrübt und nachdenklich mitgeht." „Kannitverstan!" war die Antwort. Da fielen unserm guten Tuttlinger ein Paar große Thränen aus den Augen und es ward ihm auf einmal schwer und wieder leicht um's Herz. „Armer Kannitverstan," rief er aus, „was haft du nun von all' deinem Reichthum? Was ich einst von meiner Armuth auch bekomme: ein Todtenkleid und ein Leichentuch und von allen deinen schönen Blumen vielleicht einen Rosmarin auf die kalte Brust, oder eine Raute." Mit diesen Gedanken begleitete er die Leiche, als wenn er dazu gehörte, bis an's Grab, sah den vermein= ten Herrn Kannitverstan hinabsenken in seine Ruhestätte und ward von der holländischen Leichenpredigt, von der er kein Wort verstand, mehr gerührt, als von mancher deutschen, auf die er nicht Acht gab. Endlich ging er leichten Herzens mit den Andern wieder fort, ver= zehrte in einer Herberge, wo man deutsch verstand, mit gutem Ap= petit ein Stück Limburger Käse und wenn es ihm wieder einmal schwer fallen wollte, daß so viele Leute in der Welt so reich seien und er so arm, so dachte er nur an den Herrn Kannitverstan in Amsterdam, an sein großes Haus, an sein reiches Schiff und an sein enges Grab.

Hebel.

148. Die beiden Todtenköpfe.

Beim Graben einer Grube sah
Ein Todtenkopf den andern liegen
Und rief: „Wer bist du, der so nah'
Sich darf zu meiner Gruft verfügen?"

„Ich war," sprach er, „ein Ruderknecht,
Aß schwarzes Brod, trank aus den Flüssen,
Schlief auf der Erde, lebte schlecht,
An Schuh'n und Kleidern abgerissen,
Bis der gewünschte Tod mich fand,
Den ich oft inniglich begehret;
Der hat mich aus dem Joch gespannt
Und mir die Freiheit nun gewähret."

„Gemeiner Kerl, hinweg von mir!"
Schrie ihm der and're Kopf entgegen.
„Nichtswürdiger, was willst du hier?
Dein Zuspruch ist mir ungelegen.
Entweich' und laß mich stracks in Ruh';
Ich bin ein and'rer Mann, als du.
Ich bin mit Königen verwandt
Und nicht aus Pöbelblut entsprossen:

Ich trage Stern und Ordensband,
Und fahr' in prächtigen Carossen;
Im Keller hab' ich Fässer Wein
Aus Ungarn, Welschland und vom Rhein',
Auf meiner Tafel sechszehn Essen."

„Ich bin! ich hab'! Ach! armer Mann,
Ich war, ich hatte, mußt du sagen!"
Hub hier des Sclaven Schädel an;
„Du hast ja nichts mit hergetragen.
Ich seh' nicht Stern, nicht Ordensband
Für deinen königlichen Stand;
Ich seh' nicht deine Fässer Wein
Aus Ungarn, Welschland und vom Rhein';
Ich seh' nicht deine Tonnen Geld,
Noch deine prächtigen Carossen;
Was du besessen und genossen,
Bleibt Alles auf der Oberwelt.
Dort oben war ein Unterschied;
Hier sind wir gleicher Herrlichkeit,[1]
Hier gleicht dein Schädel jedem Schädel.
Schön sieht wie häßlich, arm wie reich,
Dumm sieht wie klug aus, schlecht wie edel:
Der Tod macht Hack' und Zepter gleich.

149. Tobias Witt.

Herr Tobias Witt war aus einer nur mäßigen Stadt gebür=
tig und nie weit über die nächsten Dörfer gekommen. Dennoch
hatte er mehr von der Welt gesehen, als Mancher, der sein Erbtheil
in Paris oder Neapel verzehrt hat. Er erzählte gern allerhand
kleine Geschichtchen, die er sich hier und da aus eigener Erfahrung
gesammelt hatte. Poetisches Verdienst hatten sie wenig; aber desto
mehr praktisches und das Besonderste an ihnen war, daß ihrer je
zwei und zwei zusammen gehörten.

Einmal lobte ihn ein junger Bekannter, Herr Till, seiner
Klugheit wegen. „Ei!" fing der alte Witt an und schmunzelte:
„Wär' ich denn wirklich so klug?"—„Die ganze Welt sagt's, Herr
Witt. Und weil ich es auch gern würde"—„Je nun, wenn Er das
werden will, das ist leicht. Er muß nur fleißig Acht geben, wie
es die Narren machen!" „Was? Wie es die Narren machen?"—
„Ja, Herr Till, und muß es dann anders machen wie die."

„Als zum Exempel?"—„Als zum Exempel, Herr Till: So lebte dahier in meiner Jugend ein alter Rechenmeister, ein dürres, grämliches Männchen, Herr Veit mit Namen. Der ging immer herum und murmelte vor sich selbst; in seinem Leben sprach er mit keinem Menschen. Und Einem in's Gesicht sehen, das that er noch weniger; immer guckte er ganz finster in sich hinein.—Wie meint Er nun wohl, Herr Till, daß die Leute den hießen?"—„Wie?— einen tiefsinnigen Kopf."—„Ja, es hat sich wohl! Einen Narren! —Hui, dacht ich da bei mir selbst—denn der Titel stand mir nicht an—wie der Herr Veit muß man's nicht machen. Das ist nicht fein. In sich selbst hineinsehen, das taugt nicht. Sieh du den Leuten dreist in's Gesicht! Oder gar mit sich selbst sprechen? Sprich du lieber mit Anderen!—Nun, was dünkt Ihm, Herr Till? Hatt' ich da Recht?"

„Ei, ja wohl! allerdings!"—„Aber ich weiß nicht; so ganz doch wohl nicht. Denn da lief noch ein Anderer herum; das war der Tanzmeister, Herr Fink; der guckte aller Welt in's Gesicht und plauderte mit Allem, was nur ein Ohr hatte, immer die Reihe her= um; und den, Herr Till, wie meint Er wohl, daß die Leute den wieder hießen?"

„Einen lustigen Kopf?"—„Beinahe! Sie hießen ihn auch einen Narren.—Hui! dacht' ich da wieder; das ist doch drollig! Wie mußt du's denn machen, um klug zu heißen? Weder ganz wie Herr Veit, noch ganz wie Herr Fink. Erst siehst du den Leu= ten hübsch dreist in's Gesicht wie der Eine, und dann siehst du hübsch bedächtig in dich hinein wie der Andere. Erst sprichst du laut mit den Leuten wie Herr Fink und dann insgeheim mir dir selbst wie Herr Veit.—Sieht Er, Herr Till, so hab' ich's gemacht und das ist das ganze Geheimniß."

Ein andermal besuchte ihn ein junger Kaufmann, Herr Flau, der gar sehr über sein Unglück klagte. „Ei was!" fing der alte Witt an und schüttelte ihn; Er muß das Glück nur suchen, Herr Flau! Er muß danach aus sein."—„Das bin ich ja lange; aber was hilft's? Immer kommt ein Streich über den andern! Künf= tig lege ich die Hände lieber gar in den Schooß und bleibe zu Hause."

„Ach nicht doch! nicht doch, Herr Flau! Geh'n muß er immer danach, aber sich nur hübsch in Acht nehmen, wie Er's Gesicht trägt."
—„Was? Wie ich's Gesicht trage?"—„Ja, Herr Flau! wie Er's Gesicht trägt. Ich will's Ihm erklären. Als da mein Nachbar zur Linken sein Haus baute, so lag einst die ganze Straße voll Balken und Steine und Sparren; und da kam unser Bürgermeister

gegangen, Herr Trik, damals noch ein blutjunger Rathsherr; der rannte mit von sich geworfenen Armen in's Gelag hinein und hielt den Nacken so steif, daß die Nase mit den Wolken so ziemlich gleich war! Plump! da lag er da, brach ein Bein und hinkt noch heutigen Tages davon.—Was will ich nun damit sagen, lieber Herr Flau?"

„Ei, die alte Lehre: Du sollst die Nase nicht allzu hoch tragen." —„Ja, sieht Er? Aber auch nicht allzu niedrig.—Denn nicht lange danach kam noch ein Anderer gegangen; das war der Stadtpoet, Herr Schall; der mußte entweder Verse, oder Haussorgen im Kopfe haben; denn er schlich ganz trübsinnig einher und guckte in den Erdboden, als ob er hineinsinken wollte. Krach! riß ein Seil, der Balken herunter und wie der Blitz vor ihm nieder. Vor Schrecken fiel der arme Mann in Ohnmacht, ward krank und mußte ganze Wochen lang aushalten.—Merkt Er nun wohl, was ich meine, Herr Flau! Wie man's Gesicht tragen muß?"

„Sie meinen, so hübsch in der Mitte."—„Ja freilich! daß man weder zu keck in die Wolken, noch zu scheu in den Erdboden sieht. Wenn man so die Augen fein ruhig, nach oben und unten und nach beiden Seiten umherwirft, so kommt man in der Welt schon vorwärts und mit dem Unglücke hat's so leicht Nichts zu sagen.

Noch ein andermal besuchte den Herrn Witt ein junger Anfänger, Herr Wills; der wollte zu einer kleinen Speculation Geld von ihm borgen.—„Viel," fing er an, „wird dabei nicht herauskommen; das seh' ich vorher; aber es rennt mir so von selbst in die Hände, da will ich's doch mitnehmen."—Dieser Ton stand dem Herrn Witt gar nicht an.„ Und wie viel meint Er denn wohl, lieber Herr Wills, daß Er braucht?"

„Ach nicht viel! Eine Kleinigkeit! Ein hundert Thälerchen etwa."—„Wenn's nicht mehr ist, die will ich Ihm geben. Recht gern und damit Er sieht, daß ich Ihm gut bin, so will ich Ihm obendrein noch etwas Anderes geben, das unter Brüdern seine tausend Reichsthaler werth ist. Er kann reich damit werden."

„Aber wie, lieber Herr Witt, obendrein!"—„Es ist nichts. Es ist ein bloßes Histörchen. Ich hatte hier in meiner Jugend einen Weinhändler zum Nachbar, ein gar drolliges Männchen, Herr Grell mit Namen; der hatte sich eine einzige Redensart angewöhnt, die brachte ihn zum Thore hinaus."

„Ei, das wäre! Die hieß?"—„Wenn man ihn manchmal fragte: Wie steht's, Herr Grell? Was haben Sie bei dem Handel gewonnen?—Eine Kleinigkeit, fing er an. Ein fünfzig Thäler-

chen etwa. Was will das machen?—Oder wenn man ihn anre=
dete: Nun, Herr Grell, Sie haben ja auch bei dem Bankerotte ver=
loren?—Ach was? sagte er wieder. Es ist der Rede nicht werth.
Eine Kleinigkeit von ein hunderter fünfe. Er saß in schönen Um=
ständen der Mann; aber wie gesagt, die einzige fatale Redensart
hob ihn glatt aus dem Sattel. Er mußte zum Thore damit hin=
aus.—Wie viel war es doch, Herr Wills, das Er wollte?"

„Ich?—ich bat um hundert Reichsthaler, lieber Herr Witt."
—„Ja recht! Mein Gedächtniß verläßt mich.—Aber ich habe da
noch einen andern Nachbar; das war der Kornhändler, Herr Tomm,
der baute von einer andern Redensart das ganze große Haus auf,
mit Hintergebäuden und Waarenlager.—Was dünkt Ihm dazu?"

„Ei, um des Himmels willen! Die möcht' ich wissen.—Die
hieß?"—„Wenn man ihn manchmal fragte: Wie steht's, Herr
Tomm? Was haben Sie bei dem Handel verdient?—Ach viel
Geld! fing er an, viel Geld! Und da sah man, wie ihm das Herz
im Leibe lachte;—ganzer hundert Reichsthaler! Oder wenn man
ihn anredete: Was ist Ihnen? Warum so mürrisch, Herr Tomm?
—Ach, sagte er wieder, ich habe viel Geld verloren, viel Geld!
ganzer fünfzig Reichsthaler.—Er hatte klein angefangen der Mann,
aber, wie gesagt, das ganze große Haus baute er auf, mit Hinter=
gebäuden und Waarenlager.—Nun, Herr Wills, welche Redensart
gefällt Ihm nun besser?"

„Ei, das versteht sich, die letzte!"—„Aber—so ganz war er mir
doch nicht recht, der Herr Tomm. Denn er sagte auch: Viel Geld!
wenn er den Armen oder der Obrigkeit gab; und da hätt' er nur
immer sprechen mögen, wie der Herr Grell, mein anderer Nachbar.
—Ich, Herr Wills, der ich zwischen den beiden Redensarten mitten
innen wohne, ich habe mir beide gemerkt; und da sprech' ich nun
nach Zeit und Gelegenheit bald wie der Herr Grell und bald wie
Herr Tomm."

„Nein, bei meiner Seele! Ich halt's mit Herrn Tomm. Das
Haus und das Waarenlager gefällt mir."—„Er wollte also?"

„Viel Geld! Viel Geld! lieber Herr Witt! Ganzer hundert
Reichsthaler!"—„Sieht Er, Herr Wills! Es wird schon werden.
War ganz Recht. Wenn man von einem Freunde borgt, so muß
man sprechen wie der Herr Tomm; und wenn man einem Freunde
aus der Noth hilft, so muß man sprechen wie der Herr Grell."

Engel.

150. Der Köhler und die Diebe.

Einst war einem König sein Geldschatz gestohlen.
Er ließ seine Seher und Wahrsager holen. —
„Dreitausend Dukaten gelob' ich zum Preis
Dem, der zu erkunden die Räuberbrut weiß." —

Da gingen tiefsinnig die Seher von dannen,
Sie fragten Orakel und riethen und sannen,
Doch Keiner erfuhr von dem Schatz nur ein Wort;
Da zürnte der König und jagte sie fort.

Matz Velten, ein Köhler, den Hunger verzehrte,
Vernahm es an seinem erkalteten Heerde.
Er rückte die Mütze und meinte: „Ei, Ei!
Dreitausend Dukaten! Ach, hätt' ich nur drei!"

Er stützte den Kopf auf den Arm ein klein wenig
Und rieb sich die Stirne: „Ich gehe zum König.
Der König, so rühmt man, ist gnädig und groß;
Erfährt er mein Elend, so läßt er mich los.

Vergebens zwar hoff' ich auf seine Dukaten,
Doch mag er mich speisen mit Wein und mit Braten
Drei Tage lang; tödtet mich dann sein Gebot,
Ist's besser, als biß mich der Hungerwurm todt."

Er schreitet zur Hofburg am dämmernden Morgen.
„Herr, willst Du mich gnädig drei Tage versorgen,
Jedoch etwas reichlich, mit Speis' und mit Trank,
So nenn' ich her nach Dir die Diebe zum Dank."

„Satt, Bursche, schon bin ich der Lügen und Flausen;
Doch sollst Du drei Tage hier zechen und schmausen;
Entdeck'st Du sie, zahl' ich den Preis Dir im Nu,
Wo nicht, schnürt den Hals Dir Hans Hämmerling zu."

Das hörte der Köhler mit heimlichem Bangen,
Doch stillet er reichlich des Magens Verlangen;
Als Abends der Mond kam mit silbernem Schein,
Da bracht' ihm ein Diener den Schlaftrunk herein.

„O," seufzte der Köhler, „das war schon der Eine!"
Der Bube, voll Furcht, daß er ihn damit meine,

Schleicht zitternd zu seinen Mitschelmen hinaus.
„Ach, Brüder, der Köhler, mich hat er heraus."

Am Morgen erwachte Matz Velten mit Zagen;
Ihm wollte nicht Wein, nicht Pastete behagen.
Als wieder der Mond kam mit silbernem Schein,
Da bracht' ihm ein Diener den Schlaftrunk herein.

„Ach," stöhnte der Köhler, „das ist schon der Zweite!"
Der Knecht, voll Besorgniß, daß ihn es bedeute,
Wankt zitternd und bleich zu den Andern hinaus;
„Auch mich, o ihr Brüder, mich hat er heraus."

Den dritten Tag Velten erwachte mit Grausen;
Vergangen war gänzlich die Lust ihm zum Schmausen.
Als endlich der Mond kam mit silbernem Schein,
Da bracht' ihm ein Diener den Schlaftrunk herein.

„Weh," klagte der Köhler, „der Dritte und Letzte!"
Der Bube darob sich gewaltig entsetzte;
Er wankte mit schlotternden Knieen hinaus:
„Was thun wir? Er hat uns nun Alle heraus."

Matz Velten bedachte, wie viel er hier wage,
Und meinte die Schelme nicht, sondern die Tage;
Der König bestimmte ja drei zum Termin,
Mit ihnen war jegliche Hoffnung dahin.

Mit Thränen nahm er schon Abschied vom Leben;
Da wirft sich ihm plötzlich zu Füßen mit Beben
Das diebische Kleeblatt: „Du weißt es ja schon;
Ach, liebster Herr Köhler, erbitt' uns Pardon!"

Vor Staunen ganz starr stand anfangs Matz Velten.
„Gut," sprach er gefaßt dann, „ich laff' es noch gelten!
Doch wollt Ihr nicht hängen, so schaffet den Schatz
Zur Stunde mir unangetastet zum Platz."

D'rauf kam er mit Jauchzen zum König gesprungen.
„Hier hast Du Dein Geld, Herr! es ist mir gelungen.
Die Diebe gestanden und nahen hier schon,
Mit mir Dich zu bitten um gnäd'gen Pardon."

Der König erstaunt' und begehrte zu wissen,
Wie er das Geheimniß den Dieben entrissen;
Da sagt ihm Matz Velten den lustigen Schwank,
Und bat nun auch um die Dukaten zum Dank.

Deß freute der König sich herzlich und lachte:
„Hier nimm die dreitausend Dukaten; ich achte,
Was diese gestanden, von Irrthum geschreckt,
Als hätt' es der Himmel Dir selber entdeckt.

Euch aber, dem redlichen Köhler zu Liebe,
Euch schenk' ich für dies Mal das Leben, ihr Diebe!
Ihm dankt es und meiner fürstlichen Huld:
Doch weh' euch, erneuert ihr je eure Schuld!"

151. Rübezahl.

Das Riesengebirge, welches Schlesien und Böhmen von Mäh=
ren scheidet, war ehemals der Aufenthalt eines mächtigen Berg=
geistes, Rübezahl genannt. Auf der Oberfläche des Gebirgs hatte
sein Gebiet nur wenige Meilen im Umfange; aber im Innern er=
streckte es sich unermeßlich tief und weit. Hier in den unterirdischen
Reichen hausete er gewöhnlich und nur zuweilen, nach Jahrhunder=
ten einmal, erhob er sich aus den Tiefen der Erde, um auf der
Oberwelt sein Wesen zu treiben.

Einst war ein Bauer mit seinem Weibe und sechs kleinen Kin=
dern durch mancherlei Unglücksfälle so herunter gekommen und ver=
armt, daß er oft nicht wußte, woher er das Brod für die Seinigen
nehmen sollte.

Eines Tages sagte er zu seiner Frau: „Du hast hinter dem
Gebirge so reiche Vettern; ich will hin; vielleicht, daß der liebe
Gott einem unter ihnen das Herz lenkt und mir hundert Thaler auf
Zinsen leiht; mit diesem Gelde könnten wir uns aus unsrer großen
Noth wieder emporhelfen."

„Das gebe Gott!" sagte mit schwacher Hoffnung die Frau,
denn sie kannte ihre Vettern, die nach ihr und den Ihrigen niemals
gefragt hatten.

Am andern Morgen sehr früh machte er sich auf den Weg und
schritt rüstig den ganzen Tag zu, bis er des Abends müde und matt
zu den Vettern kam und ihnen mit Thränen seine Noth klagte und
um Hülfe flehte. Aber überall wurde er mit harten, bittern Wor=
ten abgewiesen.

Traurig und niedergeschlagenen Herzens machte er sich auf den Rückweg und als er wieder in's Gebirge kam, überfiel ihn Gram und Angst mit großer Gewalt. Er hatte den Arbeitslohn von zwei Tagen verloren und fühlte sich so entkräftet, daß er auch den dritten Tag nicht würde arbeiten können; und wenn ihm nun das abgehärmte Weib und die ausgehungerten Kinder entgegen wimmerten und er brächte ihnen leere Hände und kein Geld und kein Brod— o, wie sollte sein Vaterherz das ertragen!

Der arme Mann sann hin und her, wie er wohl Hülfe schaffen könnte. Da fielen ihm die Geschichten vom Berggeiste ein. „Ich will mich an ihn wenden," sagte er; „vielleicht daß meine Bitten Gehör finden!" Darauf rief er: „Rübezahl! Rübezahl!" und alsbald stand er vor ihm, wie ein rußiger Köhler, mit struppigem Barte und glühenden Augen, in der Hand einen mächtigen Schürbaum.

„Hört mich, Herr vom Berge!" sagte der Bauer mit seinem Gesicht voll Kummer; „ich habe Euch nicht aus Muthwillen gerufen, sondern aus Angst und Noth." Und nun erzählte er ihm von seinem Weibe und von seinen Kindern und von den unbarmherzigen Vettern und schloß mit der Bitte, ihm hundert Thaler zu leihen, die er mit Zinsen in drei Jahren wieder bezahlen wolle; mit hundert Thalern sei ihm geholfen.

„Wie, treibe ich Wucher?" sagte Rübezahl zornig; „geh' zu Deinen Brüdern, den Menschen und borge so viel Du bekommen kannst; mich aber laß in Ruhe, wenn Dir Dein Leben lieb ist!"

Der Bauer aber ließ nicht nach mit Bitten und schilderte nochmals den Jammer seiner Frau und Kinder. „Wollt Ihr nicht helfen," setzte er hinzu, „so schlagt mich nur mit der Schürstange todt, damit ich die Qual der Meinen nicht sehen darf!"

Rübezahl gebot nun dem Bauer, daß er ihm folge. Sie gingen waldein, durch immer dichteres Gesträuch und kamen in ein Felsenthal, das sie zu einer finstern Höhle führte, die immer graulicher wurde. Bald aber hüpften kleine blaue Flammen vor ihnen her und der dunkle Felsengang bildete sich zu einem großen Gewölbe, in welchem helle Lichter flackerten.

Da stand eine große kupferne Braupfanne voll lauter Thaler bis an den Rand. „Da nimm!" sagte Rübezahl, „so viel Du bedarfst und wenn Du schreiben kannst, so stelle mir einen Schuldschein aus." Schreiben konnte aber der Bauer. Er zählte sich gewissenhaft hundert Thaler ab; Rübezahl schien sich gar nicht darum zu kümmern, drehte ihm den Rücken zu und suchte die Schreibesachen aus einem Schranke hervor; aber der Bauer nahm deshalb keinen einzigen Thaler mehr. Er schrieb den Schuldschein, so gut er vermochte und Rübezahl schloß denselben in einen eisernen Kasten. „Geh' nun," sagte er dann zu dem Bauer; „nütze Dein Geld, merke Dir den Eingang in's Felsenthal und vergiß den Zahlungstag nicht, denn ich bin ein strenger Schuldherr.—Da!" fuhr er fort, indem er einen großen Griff in die Braupfanne that, „das ist für Deine Kinder und steht nicht auf dem Schuldschein."

Dankbar zog nun der Bauer ab; er fand sich bald aus dem Felsengange heraus, merkte sich die Stätte genau und ging, durch Freude an allen Gliedern gestärkt, rüstig nach Hause, wo ihn die Kinder um Brod anschrieen, die Mutter aber trostlos weinend im Winkel saß, weil sie schon wußte, wie viel auf die Vettern zu rechnen sei.

Wie erfreut waren aber Alle, als der Vater den Quersack öffnete und Brezeln und Weißbrod für die Kinder und Grütze zum Brei und Fleisch und Wurst herausnahm, welches er Alles in der Stadt gekauft hatte. Daß er das Geld von Rübezahl empfangen, sagte er aber nicht, sondern lobte vielmehr die Vettern, die ihn so freundlich aufgenommen, so gut bewirthet und ihm mit so großer Bereitwilligkeit das Geld geliehen hätten.

Jetzt ging ein neues Leben und Arbeiten in des Bauers Hause an und mit hundert wohl angelegten Thalern ließ sich damals viel machen. Alles, was unternommen wurde, ging zum Glück uns es lag ein sichtliches Gedeihen auf dem Gelde des Bergherrn. Ein Acker nach dem andern, ein Heuschlag nach dem andern wurde gekauft; das Vieh war weit und breit umher das schönste und im dritten Jahre schon hatte der Bauer ein paar Hufen Feld und ein paar tüchtige Pferde zur Bewirthschaftung und wohl viermal so viel baar, als seine Schuld ausmachte.

Unterdessen war auch der Zahlungstag gekommen. Weib und Kinder legten nun die besten Sonntagskleider an und freueten sich, die reichen Vettern besuchen und zeigen zu können, daß sie ehrliche und wohlhabende Leute wären. Hans mußte anspannen und sie kamen bald auf das Riesengebirge, wo der Wagen an einer Stelle halten mußte, der Bauer mit den Seinen ausstieg. Hans sollte fortfahren und auf der Höhe unter den drei Eschen warten und die Pferde indeß grasen lassen; er aber wollte mit Frau und Kindern einen anmuthigen Fußpfad gehen, obwohl derselbe ein wenig um sei.

Darauf ging er durch das Gebüsch waldein, immer tiefer hinein, schaute dahin und dorthin, als ob er suchte und die Frau glaubte schon, ihr Mann habe sich verirrt. Nun erst sagte er ihr und den Kindern, wie es ihm bei den reichen Vettern gegangen sei und wer ihm das Geld geliehen habe und lobte den Berggeist, vor dem sie sich fürchteten, mit Thränen im Auge, indem er ihnen vorstellte, wie glücklich sie jetzt wären, gegen das Elend vor drei Jahren.

Darauf ging er allein weiter, die Felsenhöhle zu suchen, konnte aber nirgends den Eingang finden, obgleich er gewiß wußte, daß er auf der rechten Seite sei, wo er vor drei Jahren hineingegangen war. Er klopfte mit einem Steine an den Felsen, er klingelte mit dem Geldsacke, er rief dem Berggeiste, zu kommen und das Seine zu nehmen; aber Niemand erschien. Da ging er mißmuthig zu seiner Frau und den Kindern zurück und setzte sich mit ihnen auf den Rasen und wartete. Endlich, da sich Niemand sehen ließ, beschloß er, noch einmal nach dem Felsen zu gehen, dort noch stärker anzupochen und zu rufen und wenn auch dann Niemand käme, das Geld am Felsen hinzulegen; da möchte es der Bergherr sich holen. Aber indem er seinen Vorsatz der Frau kund that, brausete es in den Wipfeln der Bäume; der Wind trieb dürre Grashalme und Laubblätter vor sich her und jagte die kräuselnden Staubwolken in dem Wege auf, worüber die Kinder sich freuten.

Unter dem Laube wurde nun auch ein zusammengerolltes Papierblatt über den Weg getrieben, nach welchem die Kinder vergebens haschten. Endlich warf der eine Knabe seinen Hut darauf, nahm es auf, und weil es ein so weißes Papier war, brachte er's dem Vater. Da war es der Schuldschein, unter welchem geschrieben stand: „Zu Dank bezahlt!"

Nun ward der Bauer froh und rief aus: „O wie glücklich fühle ich mich jetzt! Mein Wohlthäter kennt meine Ehrlichkeit und mein dankbares Herz!"

Jetzt wollte er nach Hause umkehren, aber die Frau ruhete nicht eher, bis der Mann zu den reichen, geizigen und hochmüthigen Vettern fahren ließ, welche sie durch ihren Wohlstand recht zu beschämen gedachte; aber als sie hinkamen, waren diese nicht mehr zu finden, sondern entweder gestorben oder von ihren Gehöften vertrieben.

Hochmuth und Unbarmherzigkeit kamen bei ihnen vor dem Fall; unser Bauer aber wurde täglich wohlhabender und von allen geliebt, die ihn kannten; denn er war arbeitsam und fleißig, half seinem Nächsten gern und führte ein stilles, gottesfürchtiges Leben.

Lehnert.

152. Aus dem schlesischen Gebirge.

„Nun werden grün die Brombeerhecken;
Hier schon ein Veilchen—welch' ein Fest!
Die Amsel sucht sich dürre Stecken,
Und auch der Buchfink baut sein Nest.
Der Schnee ist überall gewichen,
Die Koppe nur sieht weiß in's Thal;
Ich habe mich von Haus geschlichen,
Hier ist der Ort—ich wag's einmal:
        Rübezahl!

Hört' er's? ich seh' ihm dreist entgegen!
Er ist nicht bös. Auf diesen Block
Will ich mein Leinwandpäckchen legen!
Es ist ein richt'ges, volles Schock!
Und fein? Ja, dafür kann ich stehen!
Kein beß'res wird gewebt im Thal—
Er läßt sich immer noch nicht sehen!
D'rum frischen Muthes noch einmal:
        Rübezahl!

Kein Laut!—Ich bin in's Holz gegangen,
Daß er uns hilft in unsrer Noth!
O! meiner Mutter nasse Wangen—
Im ganzen Haus kein Stückchen Brod!
Der Vater schritt zu Markt mit Fluchen—
Fänd' er auch Käufer nur einmal!
Ich will's mit Rübezahl versuchen—
Wo bleibt er nur? Zum drittenmal:
        Rübezahl!

Er half so Vielen schon vor Zeiten—
Großmutter hat mir's oft erzählt!
Ja, er ist gut den armen Leuten,
Die unverschuldet Elend quält!
So bin ich froh denn hergelaufen
Mit meiner richt'gen Ellenzahl!
Ich will nicht betteln, will verkaufen!
O, daß er käme! Rübezahl!
        Rübezahl!

Wenn dieses Päckchen ihm gefiele,
Vielleicht gar bät' er mehr sich aus!
Das wär' mir recht! Ach, gar zu viele
Gleich schöne liegen noch zu Haus!
Die nähm' er alle bis zum letzten!
Ach, fiel auf dies doch seine Wahl!
Da löf't ich ein selbst die versetzten—
Das wär' ein Jubel! Rübezahl!
    Rübezahl!

Dann trät' ich froh in's kleine Zimmer
Und riefe: Vater, Geld genug!
Dann zagt' er nicht, dann sagt' er nimmer:
Ich web' euch nur ein Hungertuch!
Dann lächelte die Mutter wieder
Und tisch't' uns auf ein reichlich Mahl;
Dann jauchzten meine kleinen Brüder—
O käm', o käm' er! Rübezahl!
    Rübezahl!"

So rief der dreizehnjähr'ge Knabe;
So stand und rief er matt und bleich.
Umsonst, nur dann und wann ein Rabe
Flog durch des Gnomen altes Reich.
So stand und paßt' er Stund' auf Stunde,
Bis daß es dunkel ward im Thal
Und er halblaut mit zuckendem Munde
Ausrief durch Thränen noch einmal:
    Rübezahl!

Dann ließ er still das busch'ge Fleckchen
Und zitterte und sagte: Hu!
Und schritt mit seinem Leinwandpäckchen
Dem Jammer seiner Heimath zu.
Oft ruht er aus auf moos'gen Steinen,
Matt von der Bürde, die er trug.
Ich glaub', sein Vater webt dem Kleinen
Zum Hunger= bald das Leichentuch!
    Rübezahl?!

        Freiligrath.

153. Das Glück durch die Gelbwurst.

Der alte Tuchfabrikant Keller pflegte gerne folgende Geschichte zu erzählen:

Ich war erst kurze Zeit aus der Fremde zurück und hatte mein eigenes kleines Geschäft angefangen. Da war die Leipziger Oster= messe, und ich reise hin und nehme einen Creditbrief von 1000 Spe= ciesthalern mit. Das war, wenn man alle Winkelchen zusammen= kehrt, mein ganzes Vermögen; ich war aber jung und gesund und was glaubt man da nicht mit 1000 Speciesthalern machen zu kön= nen. Ich reis' also nach Leipzig und geb' meinen Creditbrief im Hause Frege und Comp. ab. Der alte Frege läßt meinen Namen in sein Buch einschreiben und wünscht mir gute Geschäfte. Ich seh' aber bald, daß sich mit 1000 Thalern nicht viel machen läßt. Was thut's? Geht nicht viel, so geht wenig; besser leiern als feiern, sagt das Sprüchwort. Ich suche mir also eine Partie Wolle aus und geh' hin, um mein Geld zu holen. Da sagt mir der alte Frege, es sei gut, daß ich komme, er habe nicht gewußt, wo ich wohne. Ich hätte das gerne nicht gesagt, da ich wieder, wie einst als Handwerksbursche, in der Herberge wohnte. „Nun," sagte Herr Frege, „essen Sie morgen Mittag bei mir, Sie werden da= noch große Gesellschaft finden." Ich konnte nichts Rechtes darauf erwiedern und geh' weg. Ich erkundige mich nun, was man bei einer solchen Einladung zu thun hat und was dabei herauskommt. Man sagt mir, daß es Sitte sei, daß jedes große Handlungshaus seine Empfohlenen einladet; daß nicht viel dabei herauskommt, als daß man das Essen theuer bezahlen muß, indem es mindestens 1½ Thaler Trinkgeld an die Bedienten kostet. Das war mir nun gar nicht lieb. Ich rechnete aus, daß mir von 1000 Thalern nur noch 998½ blieben, und für ein Mittagessen konnte ich nicht so viel aufwenden. Andern Mittags war ich kurz entschlossen. Ich kaufe mir für zwei Groschen Gelbwurst, für sechs Pfennige Brod, steck' es zu mir und geh' hinaus vor das Thor, in das sogenannte Rosen= thal. Mein Tisch war schnell gedeckt. Ich setz' mich auf eine Bank und wickele meine Sachen heraus, ich zerschneide die Gelb= wurst in sechs Theile und lege sie neben mich hin; das, sage ich, ist meine Suppe, das mein Fleisch, das mein Gemüse mit Beilage, das meine Fische und das mein Braten und Salat. Ich glaube nicht, daß sie drinnen in der Stadt, bei Frege, mehr hatten und daß es ihnen besser schmeckt. Ich war eben an der süßen Schüssel, sie war sehr gut zubereitet, da seh' ich einen Mann auf einem schönen

Braunen daherreiten; der, denk' ich, macht sich noch ein bißchen Bewegung vor dem Essen, daß es ihm besser schmeckt. Ich wünsche ihm meinen gesunden Magen, ich brauche kein Pferd müde zu reiten. Schneller, als ich dies sage und denke, ist der Reiter bei mir und zu meinem Schrecken seh' ich, es ist der Herr Frege selber. In meiner Angst fällt mir der letzte Bissen von meiner süßen Speise aus der Hand und der vorausspringende Hund schnuppert's gleich auf; ich wickle schnell mein Papier zusammen und weiß mir gar nicht zu helfen. „Ei, Herr Keller!" sagt der Herr Frege, „was machen Sie da? Glauben Sie, Sie bekommen bei mir nicht genug zu essen?"

Was soll ich darauf sagen? Ich denk', du bleibst bei der Wahrheit. Ich sag' ihm nun, daß es sich bei mir nicht austragen will, gegen zwei Thaler Trinkgeld für ein einzig Mittagessen zu geben, und so und so, und daß ich mir vorgenommen habe, mich heute Abend oder morgen früh zu entschuldigen, weil ich nicht kommen kann.—Da lacht er ganz laut auf und sagt: „Ja, das müssen Sie ja thun, sonst werd' ich bös; ich erwarte Sie um fünf Uhr, fehlen Sie ja nicht, wünsch' gesegnete Mahlzeit!" Und fort war er mit seinem Braunen. Ich weiß nun gar nicht, was ich machen soll.—Wie's fünf Uhr gebembert hat, geh' ich hin, man weist mich in sein Comptoir und da kommt er mir entgegen, nimmt mich bei der Hand, führt mich in das Kabinetchen und sagt zu mir: „Lieber Herr Keller, Sie haben für 10,000 Thaler Credit bei mir; wenn Sie aber das Doppelte brauchen und noch mehr, sagen Sie mir's nur offen."—Ich sag': „Sie irren sich, ich habe nur für 1000 Thaler." Da sagt er mir: „Es bleibt dabei, wie ich schon gesagt habe; Sie sind ein Mann, der zu sparen weiß und heut Abend essen Sie ganz allein bei mir in meiner Familie." Und so hab' ich's auch gemacht und das hat mir noch besonders gefallen, daß er die Geschichte seiner Frau und seinen Kindern nicht erzählt hat, bis ich von Leipzig fort gewesen bin. Er hat wohl gemerkt, daß es mir leid thäte, wenn man auch in aller Güte darüber lachen würde. So ist's mir durch die Gelbwurst möglich geworden, eine der größten Tuchfabriken anzulegen und so lange der alte Frege gelebt hat, hab' ich jede Messe bei ihm allein zu Nacht gegessen und da ist immer zuletzt noch Gelbwurst aufgetragen worden.

Auerbach.

154. Der Peter in der Fremde.

Der Peter will nicht länger bleiben,
Er will durchaus fort in die Welt.

Dies Wagestück zu hintertreiben
Der Mutter immer schwerer fällt.
„Was willst Du," spricht sie, „draußen machen?
Du kennst ja fremde Menschen nicht;
Dir nimmt vielleicht all' Deine Sachen
Der erste, beste Bösewicht."

Der Peter lacht nur ihrer Sorgen,
Wenn er die Mutter weinen sieht,
Und wiederholt an jedem Morgen
Sein längst gesung'nes Reiselied.
Er meint, die Fremde nur macht Leute;
Nicht in der Nähe wohnt das Glück.
D'rum sucht er's gleich recht in der Weite;
Doch kehrt er mit der Zeit zurück.

Zu Hülfe ruft man alle Basen,
Jedwede giebt dazu ihr Wort:
Doch Peter läßt nicht mit sich spaßen,
Der Tollkopf will nun einmal fort.
Da sprach die Mutter voller Kummer:
„So sieh doch nur den Vater an!
Der reiste nie und ist nicht dummer,
Als mancher weit gereiste Mann."

Doch Peter läßt sich nicht bewegen,
So daß zuletzt der Vater spricht:
„Nun gut! Ich wünsch Dir Glück und Segen;
Fort sollst Du; doch nun säum' auch nicht!"
Nun geht es an ein Emballieren
Vom Fuß hinauf bis an den Kopf;
Man wickelt, daß auch Nichts kann frieren,
Das dickste Band um seinen Zopf.

Und endlich ist der Tag gekommen:
Gleich nach dem Essen geht er heut.
Voraus ist Abschied schon genommen,
Und Alles schwimmt in Traurigkeit.
Die Eltern das Geleit ihm geben
Bis auf das nächste Dorf hinaus,
Und weil da ist ein Wirthshaus eben,
Hält man noch einen Abschiedsschmaus.

Ein Fläschchen Wein wird vorgenommen;—
Doch still wird Peter, mäuschenstill,
Man trinkt auf glücklich Wiederkommen,
Und Peter seufzt: „Nun, wie Gott will!"
Er muß die Augen manchmal reiben,
Nimmt Abschied noch einmal recht schön,
Und sagt, man soll' nur sitzen bleiben,
Denn weiter laß' er Keinen geh'n.

Und endlich wankt er fort, der Peter,
Obgleich es ihn beinahe reut,
Nach jeden hundert Schritten steht er
Und denkt: Wie ist die Welt so weit!
Das Wetter will ihn auch nicht freuen;
Es weht der Wind so rauh und kalt,
Er glaubt, es kann noch heute schneien,
Und schneit's nicht heut, so schneit's doch bald.

Jetzt schaut er bang zurück, jetzt geht er
Und sinnt, wie weit er heut noch reist;
Jetzt kommt ein Kreuzweg, ach, da steht er,
Und Niemand, der zurecht ihn weist!
„Ach," seufzt er, „so was zu erleben
Gedacht ich nicht; daß Gott erbarm!
Hätt' ich der Mutter nachgegeben,
So säß ich jetzt noch weich und warm.

Wie konnt' ich so mein Glück verscherzen!
Ich war doch wirklich toll und dumm.
Wie würde mich die Mutter herzen,
Kehrt' ich an diesem Kreuzweg um!"
Und rasch beschließt er, sich zu drehen,
Wie wenn man was vergessen hat,
Und rennt—ich hätt' ihn mögen sehen—
Zurück zur lieben Vaterstadt.

Die Aeltern saßen unterdessen
Im Wirthshaus noch in guter Ruh,
Bekämpften ihren Gram durch Essen
Und tranken tiefgerührt dazu.
Der Peter ließ sie gern beim Schmause;
Ihn reizte nur der Heimath Glück;

D'rum läuft er sporenstreichs nach Hause
Auf einem Seitenweg zurück.

Und froh, daß in der Näh' und Ferne
Sein Fuß sich nicht verirret hat,
Gelangt er vor dem Abendsterne
Noch ungesehen in die Stadt.
Doch ist er kaum erst hergekommen,
Da schallt Gelächter durch das Haus,
Das hätt' er übel fast genommen,
Allein—er macht sich nichts daraus.

Man spaßt: „Du mußt mit Meilenschuhen
Gewandert sein; d'rum setz' dich auch
Nun hinter'n Ofen, um zu ruhen,
Und pfleg' am Brodschrank deinen Bauch!"
Er thut's.   Jetzt treten seine Alten
Zur Stubenthür' betrübt herein;
Die Mutter seufzt mit Händefalten:
„Ach Gott, wo mag nun Peter sein?"

Da kriecht der Peter vor und schmunzelt:
„Was klagt ihr denn? Hier bin ich ja."
Die Mutter jauchzt, der Vater runzelt
Die Stirn und spricht: „Schon wieder da?
Nun, wie ich's dachte, ist's geschehen;
Die Mutter war nur ganz verwirrt;
Ich hab's dem Burschen angesehen,
Wie weit die Reise gehen wird."

Die Mutter jubelte, durchdrungen
Von frommem Dank: „'s ist besser so;
Nun hab' ich wieder meinen Jungen
Gesund daheim, deß bin ich froh!"
Doch Peter seufzte ganz beklommen:
„Hätt' ich nur nicht geglaubt, es schneit,
Und wär' der Kreuzweg nicht gekommen,
Ich wäre jetzt, wer weiß, wie weit!"

Eberhard.

155. Das Loch im Aermel.

Ich hatte einen Spielgesellen und Jugendfreund, Namens
Albrecht, erzählte einst Herr Marbel seinem Neffen. Wir Beide

waren überall und nirgend, wie nun Knaben sind, wild, unbändig. Unsere Kleider waren nie neu, sondern schnell besudelt und zerrissen. Da gab's Schläge zu Hause; aber es blieb beim Alten. Eines Tages saßen wir in einem öffentlichen Garten auf einer Bank und erzählten einander, was wir werden wollten. Ich wollte General=lieutenant, Albrecht Generalsuperintendent werden.

„Aus euch Beiden giebt's in Ewigkeit nichts!" sagte ein stein=alter Mann in feinen Kleidern und weißgepuderter Perücke, der hinter unserer Bank stand und die kindlichen Entwürfe angehört hatte.

Wir erschraken. Albrecht fragte: „Warum nicht?"

Der Alte sagte: „Ihr seid guter Leute Kinder, ich sehe es euren Röcken an, aber ihr seid zu Bettlern geboren; würdet ihr sonst diese Löcher in euren Aermeln dulden!" Dabei faßte er Je=dem von uns an die Ellenbogen und bohrte mit den Fingern in die daselbst durchgerissenen Aermel hinauf.—Ich schämte mich, Albrecht auch. „Wenn's euch," sagte der alte Herr, „zu Haus Niemand zu=nähet, warum lernt ihr's nicht selbst? Im Anfang hättet ihr den Rock mit zwei Nadelstichen geheilt, jetzt ist's zu spät und ihr kommt wie Bettelbuben. Wollt ihr Generallieutenant und Generalsupe=rintendent werden, so fangt an beim Kleinsten. Erst das Loch im Aermel geheilt, ihr Bettelbuben, dann denkt an etwas Anderes."

Wir Beide schämten uns von Herzensgrund, gingen schweigend davon und hatten das Herz nicht, etwas Böses über den bösen Alten zu sagen. Ich aber drehte den Ellenbogen des Rockärmels so her=um, daß das Loch einwärts kam, damit es Niemand erblicken möchte. Ich lernte von meiner Mutter nähen, spielend, denn ich sagte nicht, warum ich's lernen wolle. Jetzt, wo sich an meinen Kleidern eine Nath öffnete, ein Fleckchen sich durchschabte, ward's sogleich gebes=sert. Das machte mich aufmerksam; ich mochte an unzerrissenen Kleidern nun nicht mehr Unreinigkeit leiden. Ich ging sauberer, ward sorgfältiger, freute mich und dachte, der alte Herr in der schneeweißen Perücke hat so Unrecht nicht. Mit zwei Nadelstichen zu rechter Zeit rettet man einen Rock, mit einer Hand voll Kalk ein Haus; mit einem Glase Wasser löscht man eine angehende Feuers=brunst; aus rothen Pfennigen werden Thaler, aus kleinen Samen=körnern Bäume, wer weiß, wie groß.

Albrecht nahm die Sache nicht so streng. Es war sein Schade. Wir waren Beide einem Krämer empfohlen; er verlangte einen im Schreiben und Rechnen geübten Lehrburschen. Der Krämer prüfte uns; dann gab er mir den Vorzug. Meine alten Kleider waren heil und fauber; Albrecht im Sonntagsrock ließ Nachläffigkeiten sehen. Das fagte mir der Herr Prinzipal nachher. „Ich fehe ihm an," fagte er, „er hält das Seine zu Rath; aus dem Andern giebt's keinen Kaufmann." Da dachte ich wieder an den alten Herrn und an das Loch im Aermel.

Ich merkte wohl, ich hatte in andern Dingen, in meinen Kenntniffen, in meinem Betragen, in meinen Neigungen, noch manches Loch im Aermel. Zwei Nadelftiche zu rechter Zeit beffern Alles, ohne Mühe, ohne Kunft. Man laffe nur das Loch nicht größer werden; fonft braucht man für das Kleid den Schneider, für die Gefundheit den Arzt, für die moralifchen Löcher die ftrafende Obrigkeit.—Es giebt nichts Unbedeutendes und Gleichgültiges, weder im Guten, noch im Böfen. Wer das glaubt, kennt fich und das Leben nicht. Mein Prinzipal hatte auch ein abfcheuliches Loch im Aermel, nämlich er war rechthaberifch, zänkifch, defpotifch, launenhaft; das brachte mir oft Verdruß. Ich widerfprach; da gab's Zank. Holla, dachte ich, es könnte ein Loch im Aermel geben und ich Zänker und gallfüchtig und unverträglich, wie der Herr Prinzipal werden. Von Stunde an ließ ich den Mann Recht haben; ich begnügte mich, recht zu thun, und bewahrte meinerfeits den Frieden.

Als ich ausgelernt hatte, trat ich in andere Condition. Gewöhnt, mit wenigen Bedürfniffen des Lebens froh zu fein (denn wer viel hat, ift nie ganz froh), fparte ich Manches. Gewöhnt, mir kein Loch im Aermel zu verzeihen, fchonend aber über dasjenige an fremden Aermeln wegzufehen, war alle Welt mit mir zufrieden, wie ich mit aller Welt.—So hatte ich beftändig Freunde, beftändig Beiftand, Zutrauen, Gefchäfte und verdiente Viel. Der Segen liegt im Rechtthun und Rechtdenken, wie im Nußkern der fruchttragende, hohe Baum.

So wuchs mein Vermögen. Wozu denn? fragte ich: du brauchft ja nicht den zwanzigften Theil davon.—Prunk damit treiben vor den Leuten?—Das ift Thorheit. Soll ich in meinen alten Tagen noch ein Loch im Aermel aufweifen?—Hilf Andern, wie dir auch Andere geholfen. Dabei bleibt's. Das höchfte Gut, das der Reichthum gewährt, ift zuletzt Unabhängigkeit von den Launen der Leute und ein großer Wirkungskreis.—Jetzt, Konrad, gehe auf die hohe Schule, lerne etwas Rechtes; denke an den Mann mit der fchneeweißen Perücke; hüte dich vor dem erften kleinen Loch im Aermel; mach's nicht wie mein Kamerad Albrecht. Er ward zuletzt Soldat und ließ fich in Amerika todtfchießen.

Zfchokke.

156. Der Glockenguß zu Breslau.

War einst ein Glockengießer
Zu Breslau in der Stadt,
Ein ehrenwerther Meister,
Gewandt in Rath und That.

Er hatte schon gegossen
Viel Glocken gelb und weiß,
Für Kirchen und Capellen
Zu Gottes Lob und Preis.

Und seine Glocken klangen
So voll, so hell, so rein:
Er goß auch Lieb' und Glauben
Mit in die Form hinein.

Doch aller Glocken Krone,
Die er gegossen hat,
Das ist die Sünderglocke
Zu Breslau in der Stadt;

Im Magdalenenthurme
Da hängt das Meisterstück,
Rief schon manch' starres Herze
Zu seinem Gott' zurück.

Wie hat der gute Meister
So treu das Werk bedacht!
Wie hat er seine Hände
Gerührt bei Tag und Nacht!

Und als die Stunde kommen,
Daß Alles fertig war,
Die Form ist eingemauert,
Die Speise gut und gar;

Da ruft er seinen Buben
Zur Feuerwacht herein;
„Ich laß auf kurze Weile
Beim Kessel Dich allein.

Will mich mit einem Trunke
Noch stärken zu dem Guß.
Das giebt der zähen Speise
Erst einen vollen Fluß.

Doch hüte Dich und rühre
Den Hahn mir nimmer an:
Sonst wär' es um Dein Leben,
Fürwitziger, gethan!"

Der Bube steht am Kessel,
Schaut in die Gluth hinein:
Das wogt und wallt und wirbelt,
Und will entfesselt sein,

Und zischt ihm in die Ohren,
Und zuckt ihm durch den Sinn,
Und zieht an allen Fingern
Ihn nach dem Hahne hin.

Er fühlt ihn in den Händen,
Er hat ihn umgedreht;
Da wird ihm angst und bange,
Er weiß nicht, was er thät.

Und läuft hinaus zum Meister,
Die Schuld ihm zu gesteh'n,
Will seine Knie' umfassen,
Und ihn um Gnade fleh'n;

Doch wie der nur vernommen
Des Knaben erstes Wort,
Da reißt die kluge Rechte
Der jähe Zorn ihm fort.

Er stößt sein scharfes Messer
Dem Buben in die Brust,
Dann stürzt er nach dem Kessel,
Sein selber nicht bewußt.

Vielleicht, daß er noch retten,
Den Strom noch hemmen kann:
Doch sieh', der Guß ist fertig,
Es fehlt kein Tropfen d'ran.

Da eilt er abzuräumen,
Und sieh't und will's nicht seh'n,
Ganz ohne Fleck und Makel
Die Glocke vor sich steh'n.

Der Knabe liegt am Boden,
Er schaut sein Werk nicht mehr;
Ach! Meister, wilder Meister,
Du stießest gar zu sehr!

Er stellt sich dem Gerichte,
Er klagt sich selber an:
Es thut den Richtern wehe
Wohl um den wackern Mann.

Doch kann ihn keiner retten,
Denn Blut will wieder Blut;
Er hört sein Todesurtheil
Mit ungebeugtem Muth.

Und als der Tag gekommen,
Daß man ihn führt hinaus,
Da wird ihm angeboten
Der letzte Gnadenschmaus.

„Ich dank' euch," spricht der Meister,
„Ihr Herren lieb und werth;
Doch eine and're Gnade
Mein Herz von Euch begehrt.

Laßt mich nur einmal hören
Der neuen Glocke Klang!
Ich hab' sie ja bereitet,
Möcht' wissen, ob's gelang!"

Die Bitte ward gewähret,
Sie schien den Herr'n gering;
Die Glocke ward geläutet,
Als er zu Tode ging.

Der Meister hört' sie klingen,
So voll, so hell, so rein;
Die Augen geh'n ihm über,
Es muß vor Freude sein.

Und seine Blicke leuchten,
Als wären sie verklärt;
Er hat in ihrem Klange
Wohl mehr als Klang gehört.

Hat auch geneigt den Nacken
Zum Streich voll Zuversicht;
Und was der Tod versprochen,
Das bricht das Leben nicht.

Das ist der Glocken Krone,
Die er gegossen hat,
Die Magdalenenglocke
Zu Breslau in der Stadt.

Die ward zur Sünderglocke
Seit jenem Tag' geweiht;
Weiß nicht, ob's anders worden
In dieser neuen Zeit.

Müller.

157. Max Stolprian.

Es giebt ein gewisses Unglück in der Welt, lieber Leser, das man freilich für kein Unglück hält und doch eins ist. Ich bin das redende Beispiel davon. Mein Vater, Gott hab' ihn selig, hielt mich fleißig zur Schule; ich lernte was, wiewohl unsere Stadt= schulen damals noch ziemlich schlecht eingerichtet waren. Man sagte überall von mir: „Herr Max Stolprian ist ein gar geschickter Mann; aber—man kann ihn nicht brauchen, er weiß sich nicht in die Welt zu schicken; er weiß nicht mit den Leuten umzugehen; er weiß nicht, wo er Hände und Füße hinstecken soll. Sonst ist er ein guter, braver Mann." So sagte man von mir. Merkst du jetzt, wo es mir fehlte? Ich war in der Erziehung versäumt. Ich war in der Schule und bei der Arbeit fleißig, aber in meinen Kleidern unreinlich und unordentlich. Ich war geschickt, dienstgefällig, redlich, aber schüchtern; lief davon, wenn fremde Leute kamen; wußte nicht, wo mit den Augen hinsehen, wenn mich ein Fremder anredete, und wenn ich endlich gar einem Frauenzimmer artig und freundlich begegnen sollte, stand ich steif und dumm da. Genug, was man Höflichkeit und feine Sitte nennt, gehört zum Leben und Lebensglück, so gut wie Brod und Erdäpfel und ein Glas Wein. Viele unserer jungen Herren haben's in dieser Kunst auch noch nicht weit gebracht, wie ich merke. Mancher, wenn er in Gesellschaft kommt, weiß nicht, wohin er mit Armen und Beinen soll und man sieht's ihm an, er hätte sie lieber daheim gelassen. Mancher weiß nicht, wo er die Hände einquartieren soll; bald steckt er sie in die Weste, bald gar in die Hosen, bald kratzt er sich damit zur Abwechselung in dem Nacken. Ich bitte dich daher, meine Geschichte und mein Unglück zu lesen und Andern bekannt zu machen; denn manches böse Schicksal habe ich mir durch meine Unbeholfenheit zugezogen.

Sobald meine Base Sparhafen gestorben und ich, als ihr einziger Erbe, ziemlich vermögend geworden war, wollte man mir in meinem dreißigsten Jahr ein Mädchen zur Frau geben, das schön war, hauswirthlich, tugendhaft, freundlich und vermögend. Jungfer Bärbeli gefiel mir; die Sache sollte in Richtigkeit gebracht werden; ich sollte Jungfer Bärbeli näher kennen lernen; ich ward von ihrem Vetter zu Gast geladen, wo ich sie finden sollte. Ich ging nicht gern in große Gesellschaft, weil ich durch üble Erziehung scheu und schüchtern war. Aber was thut man nicht einer Jungfer Bärbeli zu Gefallen! Ich kleidete mich in sonntägliche Feierkleider: weiße, seidene Strümpfe, ein neuer Haarbeutel, ein apfelgrüner Rock mit Perlmutterknöpfen—genug, ich war zierlich wie ein Bräutigam. Als ich aber vor das Haus des Herrn Vetters kam, klopfte mir das Herz vor Angst, als hätte ich eine Schmiede in meiner Brust. „Wenn nur keine Gesellschaft da ist!" dacht' ich. „Wenn's nur erst vorbei wäre!" Zum Glück traf ich den Herrn Vetter allein. Er schrieb noch eine Rechnung in seiner Stube. „Ihr kommt etwas spät, Herr Stolprian!" sagte er. Ich machte zwanzig Kratzfüße links und rechts, lachte vor Angst, um freundlich auszusehen, und hatte nur immer die große Gesellschaft im Kopf. Indem der Herr Vetter die Rechnung fertig hat und den Streusand sucht, spring' ich gar dienstfertig hinzu, will den Sand auf's Papier streuen, greife ungeschickter Weise das Tintenfaß statt des Sandfasses und schütte ihm einen schwarzen Strom der besten Tinte über das zierliche Conto.—Ich glaubte, ich müßte in Ohnmacht fallen vor Schrecken; nahm in der Verwirrung und Eile mein schneeweißes Schnupftuch aus der Rocktasche und wischte damit auf.

„Ei behüte, was treibt Ihr da, Herr Stolprian?" rief mir der Herr Vetter lachend zu, drängte mich mit meinem schwarz und weißen Schnupftuch zurück und brachte seine Sache in Ordnung. Dann führte er mich in die Stube, wo die Gesellschaft schon beisammen war. Ich folgte ihm nach, hatte aber schon kein gut Gewissen und bemerkte beim Niederseh'n nicht ohne Entsetzen einen thalergroßen Tintenfleck auf meinem weißen Seidenstrumpf am linken Bein.—„Hilf Himmel!" seufzte ich bei mir; „was wird die große Gesellschaft sagen?" Die Thür des Zimmers geht auf. Ich steifer, hölzerner Bursche will mich gar gewandt und galant, zierlich und leichtfüßig stellen, hüpfe in den großen Saal hinein; mache Bücklinge hinten und vorn, kratze mit den Füßen links und rechts aus, sehe gar nicht, daß dicht vor mir eine Weibsperson steht, die im Begriff ist, eine Pastete zum Tisch hinzutragen, fahre ihr mit dem Kopf in den Rücken, daß die kostbare Pastete von der Schüssel auf den lieben Erdboden fährt und so spaziere ich mit meinen Complimenten und Reverenzen blindlings vorwärts,—es war mir zu Muth, als ständ' ich in einer Bataille vor dem Feind und sollte in's Feuer rücken. Welche Complimente die große Gesellschaft um mich herum machte, weiß ich nicht: denn ich hatte noch nicht den Muth aufzusehen, sondern fuhr wie besessen mit Kratzfüßen, Bücklingen und gehorsamen Dienern um mich herum fort, bis ein neues Unglück meiner Höflichkeit Ziel und Grenzen setzte. Ich war nämlich bei meinem eifrigen Complimentiren mit den Füßen bis zur Pastete avancirt, die noch da lag, weil sich die Magd von ihrem fürchterlichen Schrecken noch lange nicht erholt hatte und mit starren Augen auf das Meisterstück der Kochkunst am Boden hinblickte, ohne es aufzunehmen. Da fährt bei einem neuen Compliment mein tintenbefleckter Fuß in die Pastete,—ich sah Nichts; denn mir war vor Höflichkeit Alles blau vor den Augen geworden. Ich glitsche in dem Pastetenteige schmählicher, doch höchst natürlicher Weise aus, verliere mein persönliches und politisches Gleichgewicht und falle, so lang ich bin—und ich messe fünf Fuß sieben Zoll—auf die Erde, zum nicht geringen Schrecken und Gelächter einer ganzen, großen, ehrenwerthen Gesellschaft. Im Fallen riß ich noch zwei Stühle mit nieder, an denen ich mich halten wollte; und ein junges, artiges Frauenzimmer, das sich auf einem derselben vermuthlich

niederlaſſen wollte, laz eben ſo ſchnell, als ihr Stuhl, neben mir
am Boden.—O Himmel und das war mein Bärbeli! Es erhob
ſich nun ein entſetzliches Zetergeſchrei; und ich am Boden ſchrie
auch; denn da ich neben mir an der Erde, außer zwei Stühlen, noch
ein Frauenzimmer liegen ſah, glaubte ich feſt an ein ſtarkes Erd=
beben. Zum höchſten Glück war es kein Erdbeben, das dieſen
erbärmlichen Fall verurſacht hatte, ſondern nur, wie geſagt, eine
Kälberpaſtete. Wir ſtanden auf. Der Vetter machte aus der
ganzen Sache einen Spaß. Er aber hatte gut ſpaßen. Ich hätte
weinen mögen und ſchämte mich faſt todt. Ich ſtellte mich an den
Ofen und ſagte kein Wort zu meiner Entſchuldigung, ſondern weil
Alles um mich her lachte und kicherte, lacht' ich auch und ſah nur
verſtohlen nach der zerſchmetterten Kälberpaſtete. Man mußte ſich
endlich zu Tiſch begeben. Der Herr Vetter war ſo galant, mich
neben Bärbeli zu ſetzen. Ich hätte lieber neben einem feuerſpeien=
den Berge geſeſſen, als neben dieſem ſchönen, guten Kinde. Denn
es ward mir wunderlich zu Muthe neben meiner künftigen Hoch=
zeiterin.—Ich ſah die große Geſellſchaft am Tiſche nur ſehr flüchtig
an. Da ward die Suppe herumgereicht. Jungfer Bärbeli bot
mir einen Teller voll—ich konnte das unmöglich annehmen. Sie
hatte noch keine Suppe. Da gab's wieder Complimente über die
Suppe und ich ſah voraus, daß es mit den gottloſen Complimenten
wieder übel ablaufen werde. Darum bat ich das ſchöne Bärbeli
gar dringend, doch die Suppe zu behalten und ſah ihr bittend in
die ſchönen blauen Augen und ſah nicht auf den Teller, und die ſiedend
heiße Suppe floß richtig auf Bärbeli's Schooß und Kleider; und
da ich nun ſchnell die Suppe zurückzog, kam die andere Hälfte auf
meinen Schooß und über meine Serviette und Kleider. Es war
brüderlich getheilt. Ich vergeſſ' es nie; es iſt mir Alles noch wie
heute. Es war eine Krebsſuppe. Das gute Bärbeli verließ den
Tiſch. Ich ſtammelte Entſchuldigungen. Man tröſtete mich und
gab mir einen anderen Teller. Inzwiſchen dampften meine Bein=
kleider noch von der Ueberſchwemmung; ich knüpfte mir ſtatt der
Serviette einen Zipfel vom Tiſchtuch in die Weſte. Bärbeli hatte
aber die Kleider wechſeln müſſen. Sie kam wieder und ich ent=
ſchuldigte mich tauſendmal bei ihr, ſo gut ich konnte. Sobald ich
ſah, daß ſie freundlich lächelte, ward mir auch wieder wohl zu Muth'
und ich trocknete mir den Angſtſchweiß vom Angeſicht, verſteht ſich,
nicht mit der Hand, ſondern mit dem Schnupftuch. Aber das un=
glückſelige Schnupftuch!—Ich hatte die Tintengeſchichte rein ver=
geſſen über Allem—was ſeitdem Wichtiges geſchehen. Ich rieb

mir beim Abtrocknen des Schweißes das ganze Gesicht so mit Tinte
ein, daß, als ich das Schnupftuch wieder einstecken wollte, die große
Gesellschaft mich verwunderungsvoll in einen Mohren verwandelt
sah. Da erhob sich abermals ein großes Gelächter und Zeterge=
schrei. Aus Höflichkeit schrie oder lachte ich denn auch eine ganze
Weile mit, bis ich merkte, daß sich die Frauenzimmer vor meinem
schrecklichen Tintengesichte fürchteten. Nun sah ich erst ein, daß
mich das Schnupftuch zum Narren im Spiel gemacht hatte und ich
ein fürchterliches Aussehen haben müsse. Erschrocken und eilfertig
sprang ich vom Tische auf, um nach der Küche zu flüchten und mich
zu waschen. Da zog ich das Tischtuch, das unglückselige Tischtuch,
dessen Zipfel ich in das Knopfloch der Weste unten befestigt hatte,
hinter mir her. Alle Teller, Braten, Salate, Spinate, Bouteillen,
Messer, Gabeln, Gläser, Fische, Rindfleisch, Löffel, Salzfäßlein
u. s. w. liefen mir wie närrisch in der Stube nach mit großem Ge=
töse. Die Gäste saßen mit offenem Munde, wie versteinert da und
sahen die herrlichen Gerichte sämmtlich vor ihren Augen verschwin=
den und so manchen Leckerbissen, auf den sie sich schon innerlich ge=
freut hatten. Anfangs, da ich sah, wie alle Platten und Teller
hinter mir her waren und mich verfolgten, hielt ich's für Hexerei,
bis der Herr Vetter mit beiden Beinen auf's Tischtuch sprang.
Das riß den Zipfel aus meiner Weste. Ich aber in vollem Ga=
lopp, nicht mehr in die Küche, sondern die Treppen hinunter, über
die Straße und in mein Haus. Vier Wochen lang ließ ich mich
vor keinem Menschen mehr sehen. Ich dachte von der Zeit an
nicht wieder an's Heirathen, ohne Schwindel, und nicht an große
Gesellschaften, ohne das kalte Fieber zu bekommen.

Erzähle, lieber Leser, immerhin meine Leidensgeschichte deinen
Freunden wieder. Ich lache jetzt selbst über meine Ungeschicklich=
keit. Aber meine Geschichte kann manchem unserer jungen Herren,
zum Beispiel zwar nicht, doch zur Warnung und Lehre dienen.

Zschokke.

158. Die Muttersprache.

Muttersprache, Mutterlaut!
Wie so wonnesam, so traut!
Erstes Wort, das mir erschallet,
Süßes, erstes Liebeswort;
Erster Ton, den ich gelallet,
Klingest ewig in mir fort.

Ach, wie trüb' ist meinem Sinn,
Wann ich in der Fremde bin,
Wenn ich fremde Zungen üben,
Fremde Wörter brauchen muß;
Die ich nimmermehr kann lieben,
Die nicht klingen wie ein Gruß!

Sprache schön und wunderbar,
Ach, wie klingest du so klar!
Will noch tiefer mich vertiefen
In den Reichthum, in die Pracht;
Ist mir's doch, als ob mich riefen
Väter aus des Grabes Nacht.

Klinge, klinge fort und fort,
Heldensprache, Liebeswort!
Steig' empor aus tiefen Grüften,
Längst' verscholl'nes, altes Lied!
Leb' auf's neu in heil'gen Schriften,
Daß dir jedes Herz erglüht!

Ueberall weht Gottes Hauch,
Heilig ist wohl mancher Brauch;
Aber soll ich beten, danken,
Geb' ich meine Liebe kund:
Meine seligsten Gedanken
Sprech' ich, wie der Mutter Mund.

Max v. Schenkendorf.

159. Lehren und Wahrheiten.

Bemühe deinen Freund nicht ohne Noth; belästige ihn nicht mit zu vielen Aufträgen; wo du dir selber helfen kannst, verlange nicht Anderer Hülfe.—Berge bestehen aus einzelnen Steinen und Sand- körnern, Ströme aus vielen Tropfen; Augenblicke machen Jahre und viele kleine Handlungen machen das Leben aus.—Beständiges Wohlleben ist der Tugend so schädlich, wie Näscherei dem Magen. —Blumen öffnen sich der Sonne; dein Herz öffne sich der Tugend. —Das Glück ist der echte Prüfstein des Werthes oder des Unwer- thes der Menschen.—Das Menschenleben ist eine Kette voll Glück und Unglück; darum verzage nie im Leiden. Denke: Jeder trübe Augenblick ist eine Anweisung auf nachfolgenden Sonnenschein.— Das Unglück ist zwar eine strenge und schwere, zugleich aber eine

so gute Schule, daß der Verständige es oft willkommen heißt.—
Der gute Name, die unbefleckte Seele, das reine Herz gleicht einem
Stücke weißen Papiers. Ist es einmal schmutzig, so bringt man
es nie wieder zu seiner ersten Reinheit, immer bleiben die Flecke
sichtbar.—Der Weise wünscht nicht mehr, als was er redlich erwerben, mit Mäßigkeit genießen und mit Heiterkeit ausgeben kann,
also nur so viel, als er zum zufriedenen Leben bedarf.—Die Zufriedenheit wird als eine der schönsten Tugenden des Menschen darge-
stellt und sie ist es in Hinsicht auf alles Irdische; der geistige
Mensch aber kann und darf nicht zufrieden sein, denn das sehnende
Streben, vollkommen zu werden, unterscheidet ihn allein vom
Thiere.—Ein hoher Beweis für den Werth der Tugend ist der, daß
der Lasterhafte tugendhaft scheinen will.—Ein unnützes Leben ist ein
früher Tod.—Geh mit langsamen Schritten dem Orte zu, wo du
Freunde aufsuchst und mit schnellen, wo du Trost zu bringen hast.
—Grundsätze der Tugend blos im Kopfe sind wie die Arzneien in
der Apotheke, die ohne den Gebrauch nichts nützen.—Hoffahrt und
Eitelkeit sind theure Früchte, die am Baume der Thorheit wachsen.
—Im Spiele mit dem guten Rufe Anderer verliert man den eigenen guten Ruf.—Menschen sind wie Bäume; an ihren Früchten
muß man sie erkennen.—Mit Verstand kann man Geld, nicht mit
Geld Verstand erwerben.—Niemand steigt durch Laster, Niemand
fällt durch Tugend.—Ordnung ist die Seele des Geschäfts.—Reden
ist Silber, Schweigen ist Gold.—Schmeicheleien sind süß wie über-
zuckertes Gift, das den Tod bringt.—Sei nicht gleichgültig gegen
Schmutz und Unordnung an deinem Leibe, du möchtest sonst leicht
dazu kommen, dergleichen auch in deiner Seele zu dulden.—Thaten
bestimmen den Werth des Menschen.—Unser Lebensweg steht so
voll Blümchen, Bäumchen und Ruhebänke, daß man sich wundern
muß, wenn Einer müde wird.—Verstand ist ein Edelstein, der am
meisten glänzt, wenn er in Demuth eingefaßt ist.—Verzagen können nur kleine Seelen; Geduld hat Riesenstärke.—Weinenden klage
dein Leid und Frohen erzähle die Freude. Ach, es begreift der
Mensch nur, was er selber empfand.—Wer dir schmeichelt, haßt
dich, oder schätzt dich nicht.—Wer ohne Noth zum Dürftigen sagt:
„Morgen will ich geben," der sagt auch: „Heute will ich lieblos
sein."—Wer wohl reden will, der muß vorher wohl denken.—Wo
die Dankbarkeit die Wurzel geschlagen hat, da ist der Boden gewiß
nicht schlecht.—Wohlreden ist eine Kunst, aber die Kunst des Schwei-
gens ist noch größer.

160. Von des Kaisers Bart.

Am Schank zur gold'nen Traube,
Da saßen im Monat Mai
In blühender Rosenlaube
Guter Gesellen drei.

Ein frischer Bursch war Jeder:
Der Eine am Gurt das Horn,
Der Zweit' am Hut die Feder,
Der Dritte mit Koller und Sporn.

Es trug in funkelnden Kannen
Der Wirth den Wein auf den Tisch;
Lustige Reden sie spannen
Und sangen und tranken frisch.

Da war auch Einer d'runter,
Der grüne Jägersmann,
Vom Kaiser Rothbart munter
Zu sprechen hob er an.

„Ich habe den Herrn gesehen
Am Rebengestade des Rheins,
Zur Messe wollt' er gehen
Wohl in den Dom nach Mainz.

Das war ein Bild, der Alte!
Fürwahr von Kaiserart!
Bis auf die Brust ihm wallte
Der lange, braune Bart!"

In's Wort fiel ihm der Zweite,
Der mit dem Federhut:
„Ei, Bursch! bist Du gescheite?
Dein Mährlein ist nicht gut.

Auch ich hab' ihn gesehen
Auf seiner Burg im Harz;
Am Söller that er stehen,
Sein Bart, sein Bart war schwarz."

Da fuhr vom Sitz der Dritte,
Der Mann mit Koller und Sporn,

Und in der Zänker Mitte
Rief er in hellem Zorn:

„So geht mir doch zur Höllen,
Ihr Lügner! Glück zur Reis'!—
Ich sah den Kaiser zu Köllen,
Sein Bart war weiß, war weiß!"

Das gab ein grimmes Zanken
Um Weiß und Schwarz und Braun;
Es sprangen die Klingen, die blanken,
Und wurde scharf gehau'n.

Verschüttet aus den Kannen
Floß der viel edle Wein,
Blutige Tropfen rannen
Aus leichten Wunden d'rein.

Und als es kam zum Wandern,
Ging Jeder in zornigem Muth,
Sah Keiner nach dem Andern,
Und waren sich jüngst so gut!

Ihr Brüder! lernt das Eine
Aus dieser schlimmen Fahrt:
Zankt, wenn ihr sitzt beim Weine,
Nicht um des Kaisers Bart!

Emanuel Geibel.

161. Räthsel.

1. Wer nennt mir die Häuslein so nett und rein, mit dem Gewölb' von weißem Stein? Sich selber bau'n sie ohne Müh', du weißt wohl wo, doch weißt nicht wie.

Gar friedlich in guter, warmer Hut, ein ganzes Dörfchen beisammen ruht; all' haben sie eine Besitzerin, die aber wohnt nicht selber drin.

Doch ist ein Insaß in jedem Haus, der hat keine Fenster, zu gucken hinaus, der hat keine Thür, zu gehen hinein, schlägt, will er hinaus, die Wände ein.

2. In stiller Anmuth kommt's gezogen; wie Rosenhecken blüht es auf, und durch des Aethers blaue Wogen steigt es mit gold'ner Pracht herauf. Kannst du des Räthsels Lösung finden? Zwei Silben mögen dir's verkünden.

Wohl giebt es eine mächt'ge Heerde, von keinem Auge noch ge= zählt, sie weidet herrlich fern der Erde, vom Glanz des ew'gen Lichts beseelt. Willst du der Lämmer Namen kennen, die dritte Silbe wird ihn nennen.

Am frühen Tag erscheint das Ganze und steigt empor mit hei= term Sinn, und in des Morgens jungem Glanze verkündet's die Gebieterin und folgt ihr nach durch alle Weiten. Sprich, kannst du mir das Räthsel deuten?

3. Zwei Silben nennen dir die schönste Stunde, die du erlebt, doch selber nicht gesehn, wo um den armen Menschen in der Runde zuerst die guten Geister stehn. Und hat sie freundlich über dir ge= waltet, so tritt die dritte Silbe dir in's Haus, eilt alle Morgen zu dir neu gestaltet, und kramt dir ihre bunten Bilder aus. Ist nun die dritte oft vorbei geflogen, dann kommt in seinem festlichen Ta= lar das Ganze freundlich hergezogen und zieht zu dir ein neues Jahr.

4. Ein Vogel ist es und an Schnelle erreicht es eines Adlers Flug; ein Fisch ist's und zertheilt die Welle, die noch kein größ'res Unthier trug. Ein Elephant ist's, welcher Thürme auf seinem schweren Nacken trägt; der Spinnen kriechendem Gewürme gleicht es, wenn es die Füße regt. Und hat es fest sich eingebissen mit seinem spitzen Eisenzahn, so steht es wie auf festen Füßen und trotzt dem wüthenden Orkan.

5. Kennst du die Brücke ohne Bogen und ohne Joch von Dia= mant, die über breiter Ströme Wogen errichtet eines Greises Hand? Er baut sie auf in wenig Tagen, geräuschlos, du bemerkst es kaum, doch kann sie schwere Lasten tragen und hat für hundert Wagen Raum. Doch kaum entfernt der Greis sich wieder, so hüpft ein Knabe froh daher; der reißt die Brücke eilig nieder; du siehst auch ihre Spur nicht mehr.

6. Ich wohn' in einem steinernen Haus, da lieg ich verborgen und schlafe; doch ich trete hervor, ich eile heraus, gefordert mit eiserner Waffe. Erst bin ich unscheinbar und schwach und klein, mich kann dein Athem bezwingen; ein Regentropfen schon saugt mich ein; doch mir wachsen im Siege die Schwingen. Wenn die mächtige Schwester sich zu mir gesellt, erwachs' ich zum furchtbar'n Gebieter der Welt.

7. Von Perlen baut sich eine Brücke, hoch über einen grauen See; sie baut sich auf im Augenblicke und schwindelnd steigt sie in die Höh'.—Der höchsten Schiffe höchste Masten ziehn unter ihrem

Bogen hin; sie selber trug noch keine Lasten und scheint, wie du ihr nahst, zu flieh'n.—Sie wird erst mit dem Strom und schwindet, so wie des Wassers Fluth versiecht. So sprich, wo sich die Brücke findet, und wer sie künstlich hat gefügt?

8. Es steht ein groß geräumig Haus auf unsichtbaren Säulen; es mißt's und geht's kein Wand'rer aus, und Keiner darf d'rin weilen. Nach einem unbegriff'nen Plan ist es mit Kunst gezimmert; es steckt sich selbst die Lampe an, die es mit Pracht durchschimmert. Es hat ein Dach, krystallenrein, von einem einz'gen Edelstein, doch noch kein Auge schaute den Meister, der es baute.

9. Kennst du das Bild auf zartem Grunde? Es giebt sich selber Licht und Glanz. Ein and'res ist's zu jeder Stunde, und immer ist es frisch und ganz. Im engsten Raum ist's ausgeführet, der kleinste Rahmen faßt es ein, doch alle Größe, die dich rühret, kennst du durch dieses Bild allein.—Und kannst du den Krystall mir nennen? Ihm gleicht an Werth kein Edelstein; er leuchtet ohne je zu brennen, das ganze Weltall saugt er ein. Der Himmel selbst ist abgemalet in seinem wundervollen Ring, und doch ist, was er von sich strahlet, noch schöner, als was er empfing.

10. Ein Gebäude steht da von uralten Zeiten, es ist kein Tempel, es ist kein Haus; ein Reiter kann hundert Tage reiten, er umwandert es nicht, er reitet's nicht aus.—Jahrhunderte sind vorübergeflogen, es trotzte der Zeit und der Stürme Heer; frei steht es unter dem himmlischen Bogen, es reicht in die Wolken, es netzt sich im Meer.—Nicht eitle Prahlsucht hat es gethürmet, es dienet zum Heil, es rettet und schirmet; seines Gleichen ist nicht auf Erden bekannt, und doch ist's ein Werk von Menschenhand.

11. Wie heißt das Ding, das Wenige schätzen; doch ziert's des größten Kaisers Hand, es ist gemacht, um zu verletzen; am nächsten ist's dem Schwert verwandt.—Kein Blut vergießt's und macht doch tausend Wunden, Niemand beraubt's und macht doch reich. Er hat den Erdkreis überwunden, es macht das Leben sanft und gleich. Die größten Reiche hat's gegründet, die ält'sten Städte hat's erbaut; doch niemals hat es Krieg entzündet; und Heil dem Volk, das ihm vertraut!